U0057952

單一受試研究法

SINGLE SUBJECT RESEARCH

杜正治　著

作者簡介

杜正治

學歷：

國立台灣師範大學英語系學士

美國堪薩斯大學特教系哲學博士

現任：

國立台灣師範大學特教系教授

經歷：

美國堪薩斯大學特教系助教

國立台灣師範大學特教系講師

國立台灣師範大學特教系副教授

譯作：

單一受試研究法（台北：心理，1994）

著作：

特殊兒童性教育：教學與評量（台北：心理，2001）

自序

　　筆者十年前翻譯了一本《單一受試研究法》，並由心理出版社印行，提供學術界一本有關研究設計的參考書籍。此後，發現採用單一受試研究架構的論文研究與日俱增，甚至在特殊教育等相關領域造成風潮。隨後，由於美國出版業者發出停止續約的信函，因而譯本也隨之告終，導致許多從事研究的師生因找不到參考資料而倍感困擾。有鑑於此，筆者在這兩年中，參考了國內外諸多文獻，加上個人的教學及研究經驗，撰寫此書，期望能為學術界貢獻綿薄之力。

　　本書在結構上，先以重要概念出發，並做扼要的界定，再切入本文。本文的鋪陳方式相當著重結構性，首先闡述其原理和原則，接著說明主題特性與實施步驟，輔以實例說明，最後進行研究實例的解說和評析。藉此安排，期能給讀者深刻的印象，深入了解通篇章節內容，進而提升研究論文的寫作與評析能力。

　　本書在內容上，共分八章。第一章為緒論，探討單一受試研究法的簡史，介紹行為學派的重要理論以及研究方法。其次談及國內外採用單一受試研究法的現況，包括分類與統計，以彰顯單一受試研究法在學術界的地位。最後，對單一受試研究法做簡略的解說，並討論其長處與限制。

第二章旨在闡述與研究有關的議題，包括研究變項中的自變項、依變項以及混淆變項等。接著陳述資料的蒐集方式，包括觀察和記錄方法。最後探討研究的信度和效度等主題，同時也說明信度的計算方法。

第三章主要介紹視覺分析，內容涵蓋ABC代碼系統、趨向線的中分法。接著進行階段內和階段間的分析，每一類分析均輔以實例評析，期能培養讀者綜合研判和分析的能力；最後說明視覺分析摘要，包括內容及寫法。

第四章討論輔助性統計，首先介紹無母數統計，包括無母數統計的意義和特性。其次說明無母數統計的適用時機，並描述一些常用的統計方法及實施步驟，最後舉例說明。此外也探述 C 統計和效果值分析，包括其基本概念、適用時機、計算公式、應用程式，以及研究實例等。

第五章探討倒返設計，首先逐一介紹倒返設計的不同類型，包括 A-B-A 設計、A-B-A-B 設計、A-B-A'-B 設計，以及 B-A-B 設計等。另外也探討多處理設計，並舉例說明。最後還討論一些常見有關倒返設計的變型，例如 A-B-A-BC 和 A-B-A-C-A-D-A 等。

第六章的重點在多基線設計，首先說明跨受試多基線，其次介紹跨行為多基線，最後討論跨情境多基線。針對每一種多基線設計，先界定研究設計，再說明主要特性，接著描述實施步驟，繼之條列其優點和限制，最後舉出相關實例並進行評析。

第七章介紹多基線設計的變型，初始介紹多探試設計，接著描述變標準設計，最後闡述延宕多基線設計。除了文章

結構承襲前述篇章外，特別強調該設計的優／缺點，以供讀者參考和作為選擇的依據。

　　第八章旨在探究比較介入設計，主要包括交替處理和並行處理等研究設計。值得一提的是，雖然結構上兩種處理設計有相當高的重疊性，然而其實施上的複雜度和難易度頗為懸殊，因而目前在文獻上出現並行處理設計的研究實例，委實不多。

　　本書編寫工作雖然主要是筆者獨立完成，但也需家人的支持和他人的協助，尤其要感謝多位研究生直接或間接的參與，包括中原大學教研所：李芸、李佩真、呂佳霖、許瑞蓮、曾意清、陳忻頡、黃德州和顧芳槐等，及台師大特教所：王雅奇、林於潔、宣崇慧、袁宗芝、莊世清、張媛婷、楊純華、陳靜淑、葉純菁、黃文慧、黃素英、黃裕惠、曹惠雯、謝中君和劉芷晴等研究生。最後要感謝列入論文評析的作者們，包括伍曉珍、宋明君、吳永怡、吳慧聆、林玉芳、林靜慧、孟儀華、裘素菊、謝玉姿、蔡淑如、翁素珍、陳郁菁、鈕文英、陳曉薇、潘麗芬、羅汀琳、Crozier, S.、Tincani, M. J.、Pace, G. M.、Toyer, E. A.、Patel, M. R.、Piazza, C. C.，以及Symon, J. B. 等提供重要的研究論文，作為評析的對象，以充實內容，特此誌謝。

杜正治

目次

第四章　輔助性統計

第五章　倒返設計

第六章　多基線設計

第一章

緒　論

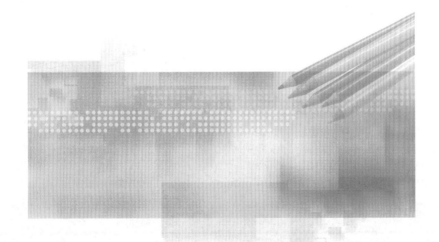

重要概念

一、反應制約理論（Respondent Conditioning）

反應制約理論係俄國科學家巴夫洛夫（I. P. Pavlov）所創，巴氏常年致力於制約反應的研究，發現狗接受多次的經驗後，只要鈴聲響起，在食物未呈現之前，即開始分泌大量的唾液。巴氏將以上的實驗結果，解釋為「刺激—反應」的學習模式。

二、操作制約理論（Operant Conditioning）

操作制約理論係美國科學家桑代克（E. L. Thorndike）所提出，主張個體學習的特性在於主動操弄環境，以環境所提供的事物為工具，以達學習目的。

第一節
緣起

壹、簡史

　　單一受試研究法的歷史背景，與心理學的發展歷程息息相關，特別是其中的行為學派。就學術歷史而言，行為學派與其他心理學派別相較，無疑的尚處於幼兒期。然而它對人類行為發展之影響與貢獻，特別是近代人類教育的衝擊與效應，卻是既深且鉅。原因無他，而是自 60 年代行為理論問世以降，行為理論適用的領域已跳脫特教的範疇而擴及醫學、環保教育，以及工商企業等環境與消費行為的議題。推究其實，行為學派在上述領域的發展和貢獻，實應歸功於其理論嚴謹的科學本質，單一受試研究法的率先引介及廣泛採行，即為一例（Schlosser & Sigafoos, 2006）。

一、行為學派的學習理論

　　行為學派的學習理論，依其理論特性、制約取向，以及演進的先後，可細分為兩種學習理論：反應制約學習理論（Theory of Respondent Conditioning）與操作制約學習理論（Theory of Operant Conditioning）。行為學者為驗證其理論之

可行性，起初以動物為研究對象，如巴夫洛夫（I. P. Pavlov）研究狗的本能反應，以及桑代克（E. L. Thorndike）以貓迷籠實驗，均聞名於世，皆為單一受試研究法的先驅。

　　反應制約理論　巴氏自 1902 至 1936 年止，一直致力於制約反應的研究，發現狗接受多次的經驗後，只要鈴聲響起，在食物未呈現之前，即開始分泌大量的唾液。巴氏將以上的實驗結果，解釋為「刺激—反應」的學習模式。根據這個學習模式，個體與生俱來能夠表現許多反射的動作，包括分泌唾液、放大瞳孔與眨眼睛等，這些未經學習的行為在心理學上稱為非制約反應。引起這些反應的因素，可能是環境中的刺激，包括食品、燈光與聲音。這些引起非制約反應的刺激稱為非制約刺激。從一序列的觀察與實驗中，巴氏發現：一些原先未能引起個體產生任何反應的刺激（即中性刺激），一旦與非制約刺激配對數次後，若將非制約刺激撤除，該中性刺激也能單獨引起類似的反應。

　　操作制約理論　操作制約學習的特性，在於個體主動操弄環境，以環境所提供的事物為工具，以達學習目的。桑氏以貓做迷籠實驗，發現在學習情境下，起初個體的行為是嘗試性而盲目的，毫無章法。在這些行為中，多數行為無效，只有少數行為有用。有效的行為帶來滿意的結果，並受到強化而保留下來。而後，在類似的情境中，個體即學會表現有效的行為，以獲致滿意的結果，此即嘗試錯誤的原理。桑氏最後將這些影響個體學習的變項，歸納為三個原則——學習三大定律：準備律（law of readiness）、練習律（law of exercise）、效果律（law of effect）。

二、行為學派的研究方法

操作制約學習的延伸，用於實際的情境，涵蓋應用行為分析（applied behavior analysis）及行為改變技術（behavior modification）兩個領域。將應用行為分析理論實施於日常學習活動中，在方法上具有四點特色：

1. 著重外在的、能觀察的、可量化的行為，而不需考慮意識型態（Cook, 1993）。有別於傳統的心理治療，因後者偏重於內在的、主觀的意識或覺知。

2. 研究重點在於藉實驗過程，以分析各個變項之間的關係。

3. 採用較適合研究人類行為的方法，即受試內分析法（intra-subject analysis），以控制潛在的混淆變項，有別於一般教育研究方法，因後者較強調量的研究與統計分析。

4. 發展有效的科技器材以利於行為的改變，盡量利用視聽媒體與資訊系統等科技產品，以輔助學習，並提高學習成效（Cipani, 1988）。

貳、研究論文

在國內，自 60 年代伊始，特殊教育進入新的紀元，公立學校開始接辦特殊教育，包含台北市東門國小的情緒障礙班、中山國小的啟智班、屏東仁愛國小的肢障班，以及彰化仁愛

實驗學校的設立等。70 年代開始有大專院校開設特教系所，如 1975 年國立彰化師範大學開設特殊教育學系大學部。80 年代更多，包括彰師大 1984 年設研究所碩士班，國立台灣師範大學也於 1986 年籌設特殊教育研究所碩士班。至於 90 年代，大專院校的特教系所更如雨後春筍般地出現，有彰師大 1991 年的博士班；台師大 1990 年成立大學部，並於 1992 年增設博士班；另外，國立高雄師範大學也於 1992 年設系。至於其他師範學院也都在此階段成立特教系所。

　　上述的特教系所增設資料，似乎與國內採用單一受試研究法的學位論文篇數息息相關。

　　在國外，根據 ERIC（ERIC, 2005）的統計，如表 1-1 所示，從 60 年代起，即有研究者採用單一受試研究法作為碩博士學位論文的研究架構，並且逐年呈現穩定成長的篇數，到 90 年代達最高峰，此趨勢維持至新的紀元。若包含其他的期刊、專論以及書籍則更多。60 年代共有 194 篇採用單一受試研究法，70 年代增至 784 篇，80 年代更高達 1269 篇，90 年代也有 1140 篇的水準，至於新紀元前四年共 164 篇。

　　在國內，從碩博士論文網站，搜尋的結果發現 70 年代（含）以前沒有任何紀錄。80 年代有五篇，其中心輔所三篇，其餘為教研所和特教所各一篇。90 年代即呈大幅成長，增至 65 篇，其中以特教為最大宗共 44 篇，其次是教研所六篇以及心輔所一篇，至於其他領域共 14 篇，包括家政、音樂、兒童福利以及運動科技等研究所。在新的紀元達最高峰，短短四年內篇數已為 90 年代的三倍，而增至 180 篇。其中仍以特教所居多共 119 篇，其次為教研所共 46 篇，心輔所五篇，其他領域共十篇。

表 1-1　單一受試研究法應用於國內外論文之統計

國內外	1970 以前	1970-1979	1980-1989	1990-1999	2000-2006
國　外	1	66	65	107	125
國　內	0	0	5	65	180

表 1-2　國內單一受試研究法應用於各相關領域之論文統計

年　代	特殊教育	一般教育	心理輔導	其　他	總　數
80	1	1	3	0	5
90	44	6	1	14	65
新紀元	119	46	5	10	180

　　由表 1-1 可知，單一受試研究法在國外已使用近半個世紀，而在國內自 70 年代起才出現在碩博士研究論文中。然而共同之處在於，隨著時間巨輪的向前推動，更廣泛的領域以及更多的研究論文採用單一受試研究法。這種趨勢在國內特別明顯，值得一提的是筆者在 1991 年起，即在國立台灣師範大學特殊教育研究所講授「單一受試研究法」，並在 1994 年出版了一本譯著——《單一受試研究法》（杜正治譯，1994），譯自 Tawney 和 Gast 的 *Single Subject Research in Special Education*（Tawney & Gast, 1984）。對國內在單一受試研究法的推動上，也挹注些許助力。

第二節

概說

壹、意涵

　　單一受試研究法，顧名思義，只要一位受試者即可以滿足研究的基本需求。因而在實施上極為便捷，至少不必為了挑選足夠的研究對象而大費周章。然而，實際上，很少研究只用一位受試者，原因很多，最重要的是內在效度的缺乏。多數研究者會盡量多選幾位，例如二至五位受試者，即可避免造成上述問題的困擾。

　　若受試人數多達十幾二十人，也可採行，因為可以加以分組。例如分成三至五組，則可視同三至五位受試，進行類似的資料分析。基於受試人數的多寡具有相當大的彈性，單一受試研究法適用的情境相當多（Horner, Carr, Halle, McGee, Odom & Wolery, 2005）。昔日，採用單一受試法為架構的研究常僅限於特殊教育學門，現在已出現在其他相關或非相關領域。不久之前，筆者應邀至台灣大學職能治療學系，講授單一受試研究法課程，即為一例。另外，筆者最近也常至北部地區的大專院校體育相關系所，參與研究生學位論文的指導與審查工作，發現不論在特殊學生的體育教學或是運動選

手的個別訓練上，單一受試研究法都能發揮它的功能。

　　以前一般人進行研究時，若遇到受試人數較少，無法採用量的研究時，研究者多半會被迫改用個案研究法或質性研究法。現在認識了單一受試研究法後，又多了一個選擇。推究其實，單一受試研究法也有其優缺點，值得大家參與和討論。

貳、界定

　　單一受試研究法的界定方式因人而異，但基本上強調運用科學的方法，對不同數量的研究對象，進行連續性評量，以建構自變項與依變項的因果關係，從而掌控受試行為的變化。其特質包括如下：

一、在方法上，強調以科學的方法，有效地控制相關變項。

二、在對象上，少則一、兩人，多則一、二十位，著重個別行為的特質。

三、在功用上，特別適用於異質性高的團體，能以行為變化或教學成效為研究目標。

參、優點

一、受試可多可少：適用於小班、小組，或甚至個人的相關研究。人數多時可分成三至五組，採用「組內同質、組

間異質」的原則。適用的範圍廣，舉凡特殊教育學生、臨床診療病患、體育運動選手、刑法訴訟罪犯、行為偏差個案等，皆可透過單一受試研究法，進行資料的蒐集及分析，以推斷其間變項的關係。

二、掌握內在效度：雖然研究所涉及的混淆變項既多且雜，很難加以控制，但研究者可以透過實驗設計的選擇，以掌握其內在效度；並藉實驗效果的複製，進而提升其內在效度（Horner, Carr, Halle, McGee, Odom & Wolery, 2005）。

三、具有高度彈性：在研究過程中，若發現原先選擇的實驗設計不當，容許研究者臨時更換設計，或重新組合新的實驗設計。因此研究不致於中斷，仍可持續進行。

四、適用異質團體：若是研究對象的異質性太高，往往不適採用一般的團體研究法。然而，卻可實施單一受試研究法，因為一方面它能針對個別的行為反應進行獨立的分析與解讀，從而建立相關變項之間的關聯。其次，在單一受試研究架構中，受試者的異質性愈大，其外在效度愈高，研究結果的類化作用也更獲支持。

肆、限制

一、重複評量：針對同一受試者，進行多次相同的評量，以蒐集重複的資料。即使在介入前的基線階段也不例外，容易產生相關的負面作用，包括受試者對評量的反感、

對評量結果的不良反應，以及評量本身影響介入的程度等，在在可能對研究結果帶來或多或少的衝擊。

二、變項繁多：所涉及的混淆變項甚多，例如研究者不易控制受試內的變項，包括其情緒反應、人格特質，以及偶發事件等。另外，上述變項的失控，導致實驗階段的實際長度也無法預測，進而可能危及實驗效度。

伍、結語

就歷史而言，單一受試研究法係實源於心理學中的行為學派，也透過該學派的成長而推廣，進而擴及其他領域，包括體育訓練、醫學復健、環保教育以及工商管理等。

在應用上，特別是學術論文方面，在國外，從 60 年代起即有研究者採用單一受試研究法作為碩博士學位論文的研究架構，其篇數也逐年呈現穩定的成長，到 90 年代達最高峰，此趨勢甚且維持至新的紀元。綜觀國內，在 70 年代（含）以前未曾出現單一受試研究法應用在學位論文的紀錄，延至 80 年代才開始，90 年代則呈現大幅成長，至新的紀元更達最高峰。

在優缺點方面，其優點為參與研究的人數較具彈性，也適用於異質性高的團體，同時也能兼顧個人和團體的需要。缺點則是在實施過程中需要重複性評量，較為耗時，同時受試人數較少，容易控制相關變項，導致其實驗效度高（特別是內在效度）。

第二章

研究變項

重要概念

一、自變項（Independent Variables）

在研究過程中，研究者欲藉操弄一些變項並直接影響其他相關的變項，致使行為產生變化的現象。上述中被操弄的變項，即為自變項。自變項依其性質又可分為操弄型和固定型，前者指可實際操作的變項，如教學方法、輔導策略，以及相關的情境等；後者指受試者的屬性，如性別、年級、人格特質或能力分類等。

二、依變項（Dependent Variables）

於研究過程中，研究者藉著操作自變項以觀察相關變項的變化，這些相關的變項，即為依變項。一般指行為的變化，包括型態的改變、能力的提升、成績的進步，或技巧的精熟等。

三、混淆變項（Confounding Variables）

若在研究過程中出現的變項繁多，研究者只能選擇較為關鍵的部分加以控制；至於其他變項，雖無法也無力予以充分關注，但可能對研究結果造成或多或少的衝擊，此等變項統稱為混淆變項。最為常見的混淆變項包括個人的健康狀況、情緒反應，或甚至家長態度、教師個性，以及學校活動等。

四、時間抽樣法（Time Sampling）

時間抽樣法係一種時距記錄法，只不過每個時距的長短不一，因而又稱為不定時距記錄法；同時，研究者也不必事先訂好時距，只要依觀察者的臨時決定即可。

五、信度（Reliability）

信度係指資料的可靠性、正確性以及客觀性。其中的可靠性是指資料穩定性和固定性而言，而正確性表示評量結果與事實的一致性，至於客觀性則意謂多位評量者之間一致的程度。

六、內在效度（Internal Validity）

在實驗過程中，研究者藉操弄自變項，並觀察依變項之變化。所謂內在效度，意指依變項之變化受制於自變項之程度。

七、外在效度（External Validity）

研究主題可針對人、事、時、地或物。若重點在於研究對象，當人數少時，研究目標可以聚焦於個別內的差異；當受試人數多時，可以進行適當的分組；倘能兼顧：(1)組內同質；及(2)組間異質的要求，必能展現一定程度的外在效度。

第一節
自變項

壹、界定

自變項（independent variables）又稱為獨立變項、實驗變項、操作變項，或介入變項等，意指研究者所操弄的主要變項。事實上，自變項並非皆可操弄，部分則是研究者無法改變的特質，但仍可視為自變項，同時藉研究設計的安排，進而了解其在研究中所扮演的角色，或所發揮的功能（Horner, Carr, Halle, McGee, Odom & Wolery, 2005）。

一、操弄型自變項：包括教學方法、輔導策略、增強方式、教學情境等等。在實施上可能採用單變項（例如採用多基線設計，探討直接教學法對啟智班學生實用語文教學之成效）或多變項（例如採用比較介入設計，比較直接教學法和編序教學法的教學成效）。

二、固定型自變項：涵蓋受試者的相關特質，如所屬之學校大小、班級數目、個人年齡、性別等。在實施上，研究者常去比較多重變項，例如不同的學校型態、年級、性別或年齡層等。

貳、描述

　　自變項的描述須掌握兩項原則：具體和詳細。因為不僅要讓讀者了解自變項的類型和數量、特質和屬性。更重要的，若有人想進行實驗複製，也可以採用相同的方法或策略，甚至也能取得相同的材料或設備。

一、具體原則：所使用的材料，描述時盡量以實物名稱或行為動詞加以形容，必要時配以圖片。針對實施過程，若能提供流程圖，必然具有加分的作用。

二、詳盡原則：在重點上，需要鉅細靡遺。在器材上，不僅廠牌的型號、刊物的版本，或材料的尺寸等，在在不可輕忽。

三、研究實例：伍曉珍（2004）在一項探討社交技巧訓練對國中啟智班學生兩性互動行為之研究中，研究對象有三名，均為輕度智能障礙。依變項包括：(1)社交技巧行為出現之百分比；(2)兩性知識成績；(3)性態度表現；以及(4)性相關行為得分。其自變項描述如下：

本研究之自變項為社交技巧訓練，以下進而描述社交技巧訓練之教學流程及課程目錄。

㈠教學流程

　　教學流程圖（如圖3-2），在每次教學時，先由研究者進行10分鐘複習前一堂教學內容重點。接著，進行新技巧訓練 30 分鐘，新技巧訓練流程為：引起動機→示範→步驟說明→示範→演練→回饋→再演練→熟練。每次教學結束前五分鐘發放作業單，研究者說明作業內容及實施方法，並確定學生已充分了解作業內容及填答方式等。

複習　➡　新技巧訓練　➡　作業單

圖 3-2　社交技巧訓練教學流程圖

㈡課程目錄

　　課程目錄如表3-3，參考台北市政府教育局八十八年度下半年及八十九年度兩性平等教育課程發展與教材之課程綱要。課程內容如附件一。

表 3-3　社交技巧訓練教學之課程目錄

週	單元名稱	教學內容	節次
一	兩性的成長與發展	女性之成長與保健	2
一		男性之成長與保健	2
一		兩性皆有之成長與保健	1

二		自尊與愛	3
二		健康的愛情觀	2
三		溝通技巧與性別差異	3
三		談衝突與協商	2
四		情感的表達	2
四		覺察人的情緒變化	1
四	兩性的關係與互動	學習健康表達情緒的方法	2
五		兩性交往中的自我	3
五		身體自主權	2
六		遠離性騷擾	2
六		避免約會強暴	2
六		性別角色與社會變遷	1

第二節

依變項

壹、界定

依變項（dependent variables）意指因自變項的介入所產

生的結果，一般指行為的變化，包括能力的增進、技巧的習
得、態度的改變，以及不良行為的消除等。不論其涵義所指
為何，重要的是研究者須對依變項進行操作型的界定。例如，
假設自傷行為是研究的依變項之一，研究者可做類似如下的
操作型界定：本研究所指之自傷行為意指受試者會在情緒失
控之下自己以頭部用力衝撞牆壁，但不包括撞擊身體其他部
位或被他人推撞牆壁。

　　Symon（2005）探究親職教育課程的成效時，其研究對
象為自閉症學生家長。在研究方法中，對自變項部分所做的
描述，堪稱具體而簡潔，客觀而明確。然而在依變項部分，
則未做類似的闡明，只是輕描淡寫，簡略而未著痕跡地帶過
去：

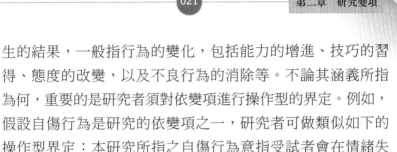

Dependent Variables Measurement

This study was designed to evaluate the generalized ef-
fects of an intensive parent education program for children with
autism. Outcome data were collected to examine the generaliz-
ed effects of the program from parent-child interactions to
other contexts of the children's lives, namely interactions with
another caregiver.

依變項評量

　　本研究旨在探討一套有關自閉症學生家長密集性親
職教育課程之類化效果，所獲得的結果資料，主要在於
闡述親子之間的互動關係能類化至其他的生活情境，亦
即自閉症兒童和成年看護之間的互動行為。

相反地，陳郁菁、鈕文英（2004）在一篇採究行為支持計畫對國中自閉症學生行為問題處理成效之研究中，對自變項的陳述雖也著墨不多，但描述得相當具體而明確，且最重要的，能對依變項下操作性的定義：

本研究之依變項為個案干擾行為的減少情形，和正向行為的增加情形。個案干擾行為的選擇是研究者透過觀察及訪談相關人士的方式，蒐集關於個案所有行為問題的資料，再由各科教師依據行為問題的優先處理順序，選擇出個案的目標行為是在各科學習中出現頻率最高的「干擾教學的行為」，並將「干擾」界定為「用不適當的方式（如發言前未舉手、擅自離座）且未經教師同意，出現干擾教學的行為，此行為包含語言干擾和行為干擾兩種類型」。而正向行為則是經由功能評量結果所發展出取代干擾行為功能的替代行為，其界定為「舉手叫名並等待後方能表達需求」之正向行為。

貳、單位

一、數目（number）：意指標的行為改變的數量，能以數字形容；常用的單位如次數、個數、字數等。以數目描述標的行為，既簡單又易記，彼此好溝通，能達成共識。然而數目本身也有缺點，例如在比較上常失客觀標準，

原因是若觀察時間的長短不一，則所得的數目無法進行比較。舉例而言，兩天觀察所得的行為次數分別為十二及九次，然而其觀察時間也不同；因而單視數目無法進而說明所代表的涵義。

二、百分比（percentage）：意指在定額的機會下，計算標的行為的次數，進而換算成行為出現率（即百分比）。例如，講話時出現口吃的比率，或唸書時出現的錯字百分比等。因此，不同日期的紀錄資料皆可換算成百分比，以進行比較。

三、比率（ratio）：意指單位時間內所表現的行為數量。因為一般行為變化曲線圖，均以時間為橫軸的變量，因而在記錄行為時，若能在時間的框架內計算行為的次數，更有助於行為的量化。同時，即使觀察時間不等，所獲的資料可以化成相同的時間單位，以進行評比。例如兩次觀察結果，其自我刺激行為分別為每分鐘五次與七次。

四、持續時間（duration）：指標的行為出現時，其持續發生的時間長短；此時強調的是行為發生過程中所耗費的時間量，即以時間來描述行為的特質。例如專注地閱讀的持續時間，或每次表現搖晃身體等刻板行為的持續量。

五、延宕時間（latency）：意指個人在做反應前延遲的時間。有些行為強調的是反應之敏銳性和正確率。若反應正確，但明顯延遲，可能意謂個人對行為內容的熟悉度不足，需要再做這方面的訓練。例如，教師要求學生從五種水果中挑出柳丁，此時即可評量其延宕時間，作為學習成果的指標。

六、練習次數（frequency）：意指在教學過程中，若欲達到一個特定目標，個人所需的訓練次數。例如要求學生達到 80%投籃命中率，所需的投籃練習次數。練習次數的多寡往往和學習材料的難易度，以及學習者的能力、經驗有關。

七、反應大小（momentum）：意指行為或動作的大小，包括它的範圍、強度，或深度及廣度等。常需透過科學儀器才能檢測結果，例如瞳孔擴張的程度，或說話時音量的分貝數值等。

參、測量

一、類別

依變項的種類甚多，描述的單位也有多種，其測量方法，大致上可分為下列三大類：

㈠直接觀察記錄：又稱現場觀察記錄法，即至個案所處的情境中，直接觀察並記錄標的行為。此乃最常用的測量方式，因為具有若干優點，例如，除了可對行為進行量化的記錄，也可對相關因素（特別是情境因素）做詳細的觀察和記錄，期能對研究結果提供額外的補充說明（Horner, Carr, Halle, McGee, Odom & Wolery, 2005）。

㈡間接觀察記錄：又稱錄影／音觀察記錄法，即透過攝錄影器材，將現場情境攝錄下來，供他日觀察與評量，屬

非現場的間接觀察記錄法。此法的優點在於評量的重複性與時間的充裕性，即可以安排較充裕的時段，針對一些特定的片段做重複地觀察。當然其缺點乃是無法身歷其境，了解行為的相關因素。

(三)永久作品評量：即評量其作品或作業等行為相關紀錄，以了解其標的行為的內涵或特質。例如，從練字作業中觀察其寫字的正確率、分析其錯字的型態，以及判斷造成錯誤的原因等。

(四)自動量化記錄：又稱自動記錄法，即採用自動化的記錄器材，針對標的行為進行量化的資料蒐集，例如計步器。

二、方法

(一)事件記錄法（Event Recording）

1. 事件記錄法意指以劃記方式記錄標的行為的次數，每觀察一次，即劃記下來。

2. 其優點為記錄結果精確，容易理解，有助於彼此的溝通和討論，以及便於分析與處理。其次，此法適用於頻率較低、彼此獨立、可以計數的行為。

3. 其限制為，僅適用於發生頻率較低的行為。同時，每一次的觀察時段須相等，否則不同的觀察時段之間，彼此無法比較（Barnette & Wallis, 2005）。

4. 至於相關的記錄表格，則不拘形式，可參考表 2-1。

表 2-1　行為觀察記錄表：劃記法

行 為 觀 察 記 錄 表

學生姓名：＿＿＿＿＿＿＿＿＿＿＿　　地　點：＿＿＿＿＿＿＿

目標行為：＿＿＿＿＿＿＿＿＿＿　　觀察者間信度：.50

編號	劃記	小記	記錄時間／日期	記錄者
1	正正	10	10' ／ 20100102	甲
2	正	5	10' ／ 20100102	乙
3				
4				

(二)時距記錄法（Interval Recording）

1. 時距記錄法意指將一個觀察時段細分成若干時距，再針對每一時距內觀察標的行為是否發生，予以劃記。

2. 對於發生頻率較高的行為，不必將全部發生的次數，完全記錄下來。相反地，只要在每一時距內，觀察行為有無發生，再做正確的記號即可。

3. 所做的記號，只要符合清楚而一致的原則，愈簡單愈好。例如，打「＋」或「✔」表示行為「有」發生，打「－」或「×」表示行為「未」發生。基於此，所打「＋」或「✔」的時距數即行為發生的次數。

4. 另外，時距記錄法也可用以記錄行為發生的持續時間；轉換方式極為簡單，只須將行為發生的時距數乘以行為發生的頻率即可。

5. 在表格選擇方面，與時距的長短有關，而時距的長短又須參照其實際發生的頻率。舉例而言，若平日行為發生的頻率為每半分鐘兩次，則每一時距可訂為 15 秒左右（實際上，10 至 20 秒皆為適宜），請參考表 2-2。

表 2-2　行為觀察記錄表：時距記錄法

行 為 觀 察 記 錄 表

學生姓名：＿＿＿＿＿＿＿＿＿＿　　　觀察者：甲＿＿＿＿＿＿＿＿

實際年齡：＿＿＿＿＿＿＿＿＿＿　　　　　　乙＿＿＿＿＿＿＿＿

觀察時間：＿＿月＿＿日＿＿時＿＿分　至＿＿時＿＿分　共＿＿＿＿分

標的行為：＿＿＿＿＿＿＿＿＿＿＿＿＿＿＿＿＿＿＿＿＿＿＿＿＿＿

1 分	2'	3'	4'	5'	6'	7'	8'	9'	10'
＋	－	＋							
11'	12'	13'	14'	15'	16'	17'	18'	19'	20'
21'	22'	23'	24'	25'	26'	27'	28'	29'	30'

摘要：行為發生次數：＿＿＿＿＿＿　　行為發生％：＿＿＿＿＿＿

　　　未發生次數：＿＿＿＿＿＿　　未發生％：＿＿＿＿＿＿

　　　行為持續時間：＿＿＿＿＿　　觀察者間信度：＿＿＿＿＿

備註：➤打「＋」號表示標的行為發生。

　　　➤打「－」號表示標的行為未發生。

(三)時間抽樣法（Time Sampling）

1. 或稱為不定時距法，意指各個時距的長短不一，也不必事先預訂時距，只須依觀察者的即興決定。因而此法非常適合一邊工作（如教學）一邊記錄的情境。

2. 記錄者不必為了決定每一時距的起訖時間而一直盯著碼錶，而只須在一個時段（如30分鐘）之內，以隨機方式選取若干時間樣本，例如在唸畢一段短文、計算一題算術習題之後。

3. 只是時間樣本不宜過度集中，也不能太過分散，而應盡量平均分配在整個觀察時段之內。

4. 記錄方式與固定時距法同，只要在適當的時距上打個記號（如「＋」或「－」）即可。

5. 表格型態亦與固定時距法類似，但不須事先標明每一時距的起訖時間或時距長度（可參考表2-3）。

6. 此外，在信度資料的蒐集方面，研究者可身兼教學者與觀察者的雙重角色，同時要求副觀察者配合教學者的動作，抽取相同或極為接近的時間樣本（Horner, Carr, Halle, McGee, Odom & Wolery, 2005）。

表2-3 行為觀察記錄表：時間抽樣法

行 為 觀 察 記 錄 表

學生姓名：_____　　　記錄者：_____

第_____週　　　　　　　　　　　✓/✕：表有／無行為

星期一

7:00　7:30　8:00

摘要：行為表現次數：_____　　行為發生%：_____

　　　未表現次數：_____　　未表現%：_____

　　　行為持續時間：_____　　觀察者間信度：_____

備註：

肆、信度

一、意義

就廣義而言,信度包含三個涵義:即可靠性、客觀性和正確性。所謂的「可靠性」即指資料的穩定性和固定性。「客觀性」意指與主觀性相對而言,就是看法的一致性。「正確性」指的是所評量、觀察的結果與事實相符的程度。在研究過程中,有所謂「程序信度」,意指實際進行的研究步驟與研究計畫中的研究程序之一致性。在測驗編製上,信度乃是不可或缺的條件,常見的有所謂「再測信度」、「折半信度」以及「複本信度」等。在單一受試上,較常用的有「觀察者間信度」或「評量者間信度」,意指兩者之間的一致程度。

二、實施

理論上,資料的一致性愈高,其量化的結果愈趨穩定,而其所代表的意義也愈可靠。為提高信度係數,研究者可於實驗前針對觀察者安排訓練課程,讓觀察者徹底了解標的行為的類型及特質,並熟悉觀察活動的程序及練習記錄方法,在演練中俟信度達一定的水準後(如.80以上),才開始進入正式的研究。

在實施上,只須安排兩位觀察者,一為主觀察員,另一為副觀察員。前者負責全程的觀察與記錄工作,後者只提供

計算信度所需的資料，因而不必全程參與，只須在每個實驗階段各提供一些記錄，以建立各階段的信度係數。

三、計算法

信度的計算方式，可依資料的性質而有差別。比較常用的有兩種方法，分別是粗算法和逐距法。

(一)**粗算法**（The Gross Method）

1. 適用時機：當依變項的量化單位是數目、持續時間、延宕時間、練習次數以及反應大小時，皆可用粗算法計算其觀察者間信度。

2. 計算公式：於兩位觀察者所記錄的結果中，以小數為分子，大數為分母，所換算成的小數，即為信度係數；若要改為信度百分比，只要再乘以%即可。

3. 舉例說明：若觀察者甲在 10 分鐘內所記錄的行為數目為 10 次，而乙所得的次數為 5，則以 5 為分子，以 10 為分母，得十分之五；換算成小數，得 .50，此即信度係數；若換算成百分比，得 50%，此即信度百分比（可參考表 2-1）。

(二)**逐距法**（The Interval-by-Interval Method）

1. 適用時機：當研究者採用時距記錄法時，所獲的資料是在各個時距裡有無表現標的行為，此時不宜套用粗算法的計算公式，而須改用逐距法來計算其信度。

2. 計算公式：兩人所記錄的時距中，不論所記錄是「發生」或「未發生」（「有」或「無」），只要是一致的就算數；進而以一致的時距數為分子，而總時距數

為分母，所換算成的小數，即為信度係數。

3. 舉例說明：若在觀察者所記錄的時距中，兩者皆打「＋」的時距數有三個，皆打「－」的有四個，而全部時距數為 10，則其信度的算法是以 7 為分子，10 為分母，所得的信度係數為 .70，或 70%。另外，也有研究者為求精確，分別算出行為「有」及「未」發生的信度係數。若以上述例，以 10 為分母，再分別 3 和 4 為分子，所得之有和未發生之信度係數分別為 .30 和 .40（可參考表 2-2、2-3）。

四、研究實例

在一篇探討心智構圖對增進國小智能障礙學生文章內容記憶之成效研究中，蔡淑如（2005）在依變項評量的信度上，能掌握重點，提供很好的範本。

貳、評分者間一致性

因為自由回憶測驗的答案都是文字敘述，評分結果易受主觀因素影響，故研究者對本項測驗做評分者一致性考驗。由研究者擔任甲評分員，另邀請另一研究生擔任乙評分員，各階段隨機分別選取一份測驗資料分開進行評分。最後逐詞計算出評分者間的一致性。計算公式如下：

$$\frac{甲乙評分員一致的詞數}{甲乙一致的詞數＋甲乙不一致的詞數} \times 100 ＝ 一致性百分比$$

（評分者間一致性）

本研究在A、B、C三階段隨機分別抽取「放生小鳥害小鳥」、「守株待兔」與「互不相讓的螃蟹」三個單元之測驗資料，由兩位評分員分別依照表 3-2 自由回憶測驗的評分原則分開進行評分，以計算評分者間一致性。結果如表3-5所示，各階段評分者間一致性平均值為0.97。

表3-5　各階段評分者間一致性

階段受試者	階段 A	階段 B	階段 C
S1	0.97	0.99	0.99
S2	0.97	0.97	0.98
S3	0.97	0.96	0.97
平均值	0.97	0.97	0.98

第三節

混淆變項

壹、意義

　　混淆變項（confounding variables），又稱為外在變項或潛在變項，意指可能對研究結果具有潛在的作用，但因其種類

過多，不易加以控制，研究者基於現實的考量而未予以操控，也常未進行觀察或記錄。因而所謂的「混淆變項」泛指除自變項之外，其他一切可能影響研究結果的變項（Schlosser & Sigafoos, 2006）。

貳、類型

混淆變項的種類頗多，無法一一列舉，然可依其來源分成情境類及個人類等。

一、情境類：意指和研究情境有關的人、事、時、地、物等因素。具體而言，包含教學者或輔導者的個人條件、研究期間可能發生的意外事件、時間的適切性、實驗地點的特性，以及有關的器材和策略的選擇等。當然，上述諸多變項中有些可能是研究者指定的自變項。除此之外，舉凡對研究結果可能造成一定程度的作用者，均屬情境類之混淆變項。

二、個人類：即與研究對象之個人有關的人與事等因素，包括其人格特質、情緒反應、生理現象、意外事故、健康狀態，以及其他任何足以衝擊研究結果的個人變項等。

參、防範與處理

一、事先預防：將上述可能發生的混淆變項，不論是情境類

或個人類，加以考慮，期能事先預防。例如在情境方面，宜儘可能安排相同的情境內涵，包括採用相同的教學者、地點、教材等，必要時對相關參與者施以相關課程的訓練。至於個人方面，盡量維持常態的生活方式；若環境許可，宜避開學校或班級的重要活動或個人的生理週期。

二、事後處理：如已發生或無法防範，則須評估其對研究的影響程度。同時，在討論研究結果時，將此事件併入討論範圍。

三、控制變項：為了進一步設法去控制相關的混淆變項，可於研究方法有關研究變項描述中，除了自變項與依變項等標題外，加上控制變項，並加以描述研究者所做的努力（Horner, Carr, Halle, McGee, Odom & Wolery, 2005）。

　　例如，陳曉薇（2004）在一篇應用鷹架策略以探討對國中啟智班學生自我保護教學之成效研究中，研究對象為四名具備口語理解及表達能力，但缺乏自我保護知識之國中中度智能障礙學生。自變項為使用之鷹架策略介入教學；鷹架策略採行之步驟為：⑴設定情境；⑵使用教學主題圖；⑶提供延伸；⑷提出問題；⑸強調並複習舊資訊；⑹重述或摘要；⑺使用流程圖；⑻教導後設認知知識；⑼重複教學主題之討論。其依變項係指：⑴自我保護知識之學習成效：指受試者在自編自我保護知識學習測驗十題中之答對題數百分比；以及⑵自我保護知識之學習維持成效：指受試者在自編自我保護知識維持測驗二十題中之答對題數百分比。而控制變項則如下：

控制變項

　　為減少對自變項之干擾，並增進教學實驗之嚴謹度，本研究之控制變項如下：

(1)教學時間及地點

　　教學次數每週六次，每週一、三、五各進行兩節教學，每次30分鐘，時間分別為早自修、午休，總計二十節課。受試者在實驗處理期抽離至其他教室（個別諮商室），由研究者進行教學，其餘學生留在原班進行早自修或午休。

(2)教學者、施測者及觀察者、評分者

　　實驗處理期之教學及所有階段的施測，均由研究者自行擔任，以統一水準及方式。研究者畢業於高師大特殊教育系，任教啟智班年資五年，在教材教法及經驗上有足夠的實務經驗。在篩選受試階段，觀察者另委請啟智班導師參與，該師畢業於彰化師大特教研究所，任教啟智班年資七年，實務經驗與專業背景均可信賴。在進行本研究之各項評量及測驗之評分時，均由研究者及啟智班導師擔任評分者，以進行評分者間信度的考驗。

(3)受試的流失

　　在研究進行之前，事先徵詢受試學生家長同意，並確認受試學生未來半年之內，不會有轉學、經常缺席等事由發生。為避免受試者可能退出教學實驗之情況發生，另外準備一名學生（受試戊）作為候補，以便隨時替補。由於實驗過程中，並未有受試流失現象發生，因此受試

戊未進行教學實驗。

⑷同時事件

　　研究開始之前，先了解受試學生的個別化教育計畫之內容，並探詢該班任課老師，確認在研究進行中，將不會進行類似或相同主題的教學活動，或使用相同之教學策略。另外，研究者亦事先確認過，受試者均未曾在課後時間接受類似或相同主題之補救教學活動。

⑸教學

　　教學流程及活動內容、使用之教材教具等，完全依據教學活動設計（見附錄二）進行。另外，依一般實驗設計，受試者的表現達到預定標準即可撤除教學處理，但研究者為使受試者學習完整的自我保護知識及概念，且顧及研究倫理，因此三名經實驗處理之受試者均應上滿二十節課。

第三章

視覺分析

重要概念

一、ABC 代碼系統（System of the ABC Codes）

ABC 代碼系統意指採用 ABC 字母表示不同的實驗階段，如 A 表基線，B 表第一種介入法，C 為第二種介入法，以此類推。

二、中分法（Split-Half Method）

中分法係一種繪製曲線圖中趨向線的方法，理想的趨向線即為迴歸線，然而在單一受試研究法中，研究者多以手繪的方式畫出曲線圖的趨向線。因此，所畫出的趨向線和迴歸線之間，多少有些落差。

三、趨向穩定性（Trend Stability）

趨向穩定性意指曲線圖中，其資料點散布的一致性程度。由於理論上趨向線即等同於迴歸線，因而趨向穩定係數即為迴歸係數。不同的是，在單一受試研究法中，因為數據不多，常以手算來取代程式運算，反而較為簡易、快速。

第一節
中分法

壹、代碼系統

在架構上，單一受試研究法通常包含基線期、處理期，偶而加上維持期或類化期；為便於討論，將每個實驗階段賦予不同的英文字母作為代碼，再以縮小數字表示不同的出現次數。

一、A：通常表示基線階段，或倒返階段，在此階段中，研究者只觀察與記錄研究對象的行為。若第一次則以A_1表示，接著的倒返階段則以A_2表之。

二、B：意指第一種介入策略，例如，基線後開始進行教學或採用行為改變技術，實施第一次教學或介入為B_1，第二次則為B_2。

三、C：意指第二種介入策略，若第一種教學方法或行為策略無效，研究者欲更換或進行比較，可實施第二種教學方法或行為策略，其代碼即為 C。第一次實施該教學法或策略為C_1，第二次則為C_2。

四、D：係指第三種介入策略，以此類推。

五、B'：意指修改後的B策略，與原始的介入方式略有差別。

例如，由不同的人員來實施、介入的時間長短不一、提供不同的增強物，或甚至從增強策略的實施轉為增強活動的消弱等。

六、A-B：係指兩個不同的實驗階段，其前一階段為基線 A，後一階段為介入 B。

七、BC：意指一個實驗階段中實施兩種不同的介入策略，分別為 B 策略和 C 策略。例如，在單一實驗階段中同時以遊戲代幣制 B、反應代價法 C 兩種介入活動。當個案表現好時，給予代幣作為鼓勵；相反地，表現差時則酌予收回代幣，以為處罰。

貳、中分法

一、意義

　　中分法係一種決定曲線圖之趨向線的方法，採用手繪方式，既簡單又快速。只需一把尺及一枝筆，在數分鐘之內，透過五個步驟即可完成。

二、實施步驟

　　1. 首先，在曲線圖上畫一條「中日期線」（mid-date-line）；所謂中日期線即為與縱軸平行的中線，旨在將圖上的資料點數平分為左右兩半。

　　2. 其次，針對其中的一半再畫一條「中日期線」及「中

比率線」（mid-rate line）。所謂中比率線即為與橫軸平行的中線，旨在將資料點平分為上下兩半。中日期線和中比率線必然相交，因而得一交點。

3. 再對另一半的資料點，如步驟 2，得另一交點，稱為四分交點。

4. 畫一條線連接左右兩個四分交點，此線即為四分交點進階線。

5. 最後，再將四分交點進階線做平行移動，使該線的上下兩方之資料點數相等，此線即趨向線。

三、實例說明（如圖 3-1 之階段 A）

1. 首先，在第五與第六天之間畫一條垂直線段（中日期線），將資料點數平分為二，即左右各四點。

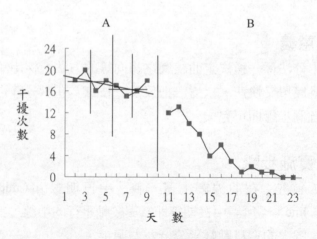

圖 3-1　採用中分法繪製趨向線

2. 其次，分別於左右兩邊再畫出中日期線和中比率線，將資料點數平分為上下及左右各半，因而各得一交點（四分交點）。

3. 將左右兩交點連起來，此即四分交點進階線，再計算該線上下兩側的資料點數。若相同，此進階線即為趨向線。

4. 若不等，須將該線做水平移動，使兩側的資料點數相同。

第二節

階段內分析

　　視覺分析主要分成階段內及階段間兩部分，階段內分析旨在探討某一特定的實驗階段內，有關資料點的水準範圍、變化、平均數，以及趨向的穩定性等（Barnette & Wallis, 2005）。至於階段間則著重相鄰兩實驗階段資料之比較，以及計算兩者之重疊百分比等數據。

壹、實施步驟

一、指出階段名稱：說明要分析的階段名稱及次序，如A／1、B／2（請參考圖3-1及表3-1）。

　　1. 計算階段長度：透過資料點的計算，決定階段長度，

如 A ／ 1：5。

2. 預估趨向路徑：使用中分法畫出階段內的趨向線，配合標的行為，決定路徑是：(1)＋：表示進步；或(2)－：表示退步。

3. 計算趨向穩定性：或稱為趨向穩定係數，其進行步驟如下：

(1)首先選定「穩定標準百分比」，通常介於 10% 至 20% 之間，視資料點的範圍（最高點與最低點之間）而定。一般而論，範圍愈大（或最高點愈高），則所選的穩定標準百分比愈低。舉例而言，若其最高點超過 50，一般取 10% 的穩定標準百分比；若最高點為 25～50 之間，取 15%；若低於 25，則取 20%。

(2)再以曲線中的最高資料值乘以穩定標準百分比，所得數值即為「穩定標準值」；值得注意的是，此標準值適用於曲線圖中的所有實驗階段；換言之，在同一張曲線圖上，只有一個穩定標準百分比和穩定標準值。

(3)在趨向線的上下以垂直方向各量出二分之一的穩定標準值，各得一點，再從這兩點分別畫出和趨向線平行的直線，此兩條直線之間的區域即為「穩定標準範圍」。

(4)再計算曲線上所有的資料點中，落在該範圍內（含落在線上）所占的百分比，此即「趨向穩定百分比」，若取小數，則為「趨向穩定係數」。

(5)最後根據趨向穩定係數進而判定為「穩定」或「不

穩定」，通常穩定係數超過（含）.75 以上，即可判為穩定，低於 .75 則為不穩定。然因目前並無一套客觀的判定標準，故除了文字的判決外，須附上數字，以為參照。

4. 決定水準範圍／變化：「水準範圍」意指曲線上的資料點中，其最高點與最低點之間的差值，此即為水準範圍；至於「水準變化」，意指曲線上第一個資料點和最後一個資料點，此兩點的差值。

5. 計算水準穩定性：算法與趨向穩定百分比相近，進行步驟如下：

　(1)先計算「水準平均值」，算法是將各資料點的值相加，再除以總資料點數，所得之值即為水準平均數。

　(2)在平均數上畫出與 X 軸平行的直線，此即為「平均線」。

　(3)在該線其上下分別量出穩定標準值（與趨向之數值相同）的二分之一，得兩點，再從點上分別畫出與平均線平行的直線，則兩平行線之間的區域即為「穩定標準範圍」。

　(4)再計算曲線上所有資料點中，落在該範圍內所占的百分比，此即「水準穩定百分比」，若化成小數，即為「水準穩定係數」。

　(5)最後根據水準穩定係數進而判定為「穩定」或「不穩定」，判定方式與趨向穩定百分比同。

貳、實例解說

　　請參考圖 3-2，再依據上述實施步驟，逐一進行階段內分析，並將所得結果整理成表 3-1。

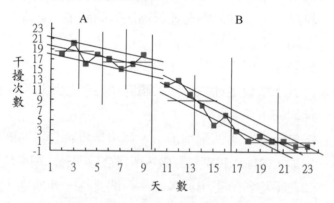

圖 3-2　階段內趨向穩定標準百分比

步驟 1　階段次序：使用 ABC 符號系統。

階段	A／1	B／2

步驟 2　階段長度：計算階段 A 內資料點的數值，並記錄在 A 欄中。再依序計算其他實驗階段的資料點。

階段	A／1	B／2
1. 階段長度	8	13

步驟 3　趨向路徑預估：使用中分法，估計各實驗階段的趨向路徑。

階段	A ／ 1	B ／ 2
2.趨向路徑預估	＼ （＋）	＼ （＋）

步驟 4　趨向穩定性：使用 10～20%的穩定標準百分比，因圖 3-2 曲線圖上的資料點數少於 25，因此穩定標準百分比取 20%，得穩定標準值後，進而計算趨向穩定百分比。

> 最高值×穩定標準百分比＝穩定標準值
> $20 \times .20 = 4.0$

> 範圍內資料點數／總資料點數＝穩定百分比
> A：$6 ／ 8 = 75\%$　　　B：$10 ／ 13 = 77\%$

階段	A ／ 1	B ／ 2
3.趨向穩定性	穩定 75%	穩定 77%

趨向內資料路徑：使用手繪法，在各階段的趨向線內分析與決定是否有兩條明顯的資料路徑。若有，分別註明；若無，只註明一條趨向路徑。

階段	A／1	B／2
4.趨向內資料路徑	╱ （＋）	╲ （＋）　　── （＝）

 水準穩定性與範圍：透過加起所有的資料點的值，再除以資料點總數，可算出各階段的平均水準。

階段	A／1	B／2
5.水準穩定性與範圍	不穩定 15 — 20	不穩定 0 — 14

步驟7 決定「絕對」水準變化：在各階段內的資料點中，指出第一天與最後一天的縱軸值。以大數減去小數，同時留意其變化是否呈現進步（＋）、退步（－）或無變化（＝）。註：進步或退步係依行為的性質及變化的方向而定。

階段	A／1	B／2
6.水準變化	18 — 18 （＋0）	12 — 0 （＋12）

表 3-1 階段內資料分析表

階段 （依序）	A／1	B／2	C／3	D／4
1. 階段長度	A／8	B／13		
2. 趨向路徑預估	＼ （＋）	＼ （＋）		
3. 趨向穩定性	穩定 75%	穩定 77%		
4. 趨向內資料路徑	＼ （＋）	＼ ＿ （＋）（＝）		
5. 水準穩定性與範圍	不穩定 （15 － 20）	不穩定 （0 － 14）		
6. 水準變化	18 － 18/ （＋ 0）	12 － 0/ （＋ 12）		

參、實例與評析

一、研究實例

　　在探究運動與食物控制策略對智能障礙學生進行減重實驗中，孟儀華（2001）採用跨受試多基線設計，以三名高職階段中重度智能障礙男生為對象，其身體質量指數（BMI）

皆大於 22。

(一)自變項

1. 運動—飲食控制：由研究者負責執行，包括：

(1)進食順序：要求個案先喝湯→青菜→飯配肉→水果。

(2)進食速度：要求個案在進食時，每吃一口之後，即將餐具放回餐桌上。若每口都做到則可得兩張貼紙，做到一半以上則可得一張貼紙。另外，如進餐時間超過 20 分鐘亦可得一張貼紙。

(3)進食份量：因該特殊學校採集體在學生餐廳用餐，由阿姨打菜的方式，為了符合自然情境，研究者在菜量上的監控以阿姨一次打菜量為最大量，不再加添為原則。至於飯量和湯的部分，該校採自助式，為控制總熱量，飯量以學校所發之統一不銹鋼碗半碗為準，湯以一碗為原則。

(4)體能訓練：由研究者監督，和導師協商，於每日下午校園清潔時間進行 30 分鐘之走路運動（路線：學校至陽明運動公園）。

2. 增強：個案收到不同數目的貼紙時，可兌換各種不同喜歡的增強物（由家庭訪談和與個案討論後決定）。

(二)依變項

1. 身體質量指數（BMI）：以體重秤測量個案每日早餐前之體重並做成紀錄，計算其 BMI 值。

2. 適應行為：「修訂文蘭適應行為量表」後測之成績變化。

3. 家長對此減重介入實驗之意見。

㈢結果與分析

　　三名個案的體重變化之資料結果如下：

一、個案甲

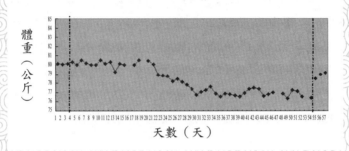

圖4-2　個案甲體重變化曲線圖

　　個案甲整個實驗實施過程體重改變資料，如圖 4-2 和表 4-1、表 4-2 所示。實驗進行之前個案甲的體重為 80.1 公斤（身高 165 公分，BMI 指數 29.43）；介入階段終了時，個案甲的體重為 76.38 公斤（身高 165 公分，BMI 指數 28.06），體重下降 3.72 公斤，BMI 指數下降 1.37。

　　基線階段的平均體重為 80.09 公斤，而介入階段的平均體重降至 76.63 公斤（基線期至介入期的平均體重下降 3.46 公斤），由於資料點數值偏高，所以趨向穩定和取 10% 的水準穩定性高達 100%，趨向內的資料路徑顯示體重變化趨勢是向下的。

　　比較介入階段和基準線階段的效果，個案甲的體重

呈現退步—退步的變化；介入期的第一個資料點（80.32
公斤）比前一階段的最後一個資料點（80.12 公斤）多
0.2公斤；兩階段的重疊百分比為17%。

　　但在實驗結束之後的三次追蹤階段（1/17、2/21、
3/21），體重出現回升趨勢，較介入實驗甫結束時的體
重又回增至 79.12 公斤。比較追蹤期和介入期，追蹤期
的資料點趨勢預估向上，個案甲的體重呈現退步—進步
的變化，平均值高於介入階段 2.2 公斤，重疊百分比為
100%。

　　值得一提的是，在個案甲飲食行為方面研究者觀察
到在「運動—飲食控制策略」介入期間，個案甲可能是
由於「減三公斤」可以得到最想要心愛偶像CD的緣故，
減重的動機很強甚至求好心切，在研究者陪同用餐的情
境下觀察到，個案甲會除去炸雞腿上的酥皮或五花肉的
肥肉不吃；有幾次喝一碗湯覺得不夠時，會走去餐廳後
方的飲水機用碗取白開水來喝。

表4-1　個案甲體重階段內資料摘要

階段順序	基線	介入	追蹤
依序	1	2	3
1.階段長度	3	47	3
2.趨向預估	—	＼	／
3.趨向穩定性	穩定 100%	穩定 100%	穩定 100%

4.平均值	80.09	76.63	78.83
5.趨向內資料路徑	— （＝）	╲ （—）	╱ （＋）
6.水準穩定性	穩定 100%	穩定 100%	穩定 100%
7.水準範圍	80.1～80.12	80.32～76.38	78.46～79.12
8.水準變化	80.1～80.12 ＋0.02	80.32～76.38 －3.94	78.46～79.12 ＋0.66

表4-2　個案甲體重階段間資料摘要

階段比較	介入 基線		追蹤 介入	
1.改變的變項數目	1		1	
2.趨向方向與效果變化	— （＝）	╲ （—）	╲ （—）	╱ （＋）
	負向		正向	
3.趨向穩定性變化	穩定到多變		多變到多變	
4.水準變化	80.12～80.32 （＋0.2）		76.38～78.46 （＋2.08）	
5.重疊百分比	8/47 17%		3/3 100%	

二、個案乙

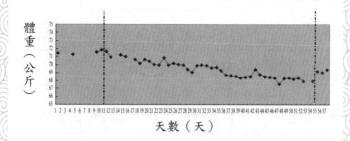

圖4-3　個案乙體重變化曲線圖

　　個案乙整個實驗實施過程體重改變資料，如圖4-3、表4-3和表4-4所示。實驗進行之前個案乙的體重為71.36公斤（身高164公分，BMI指數26.53）；實驗進行甫結束時，個案乙的體重為67.78公斤（身高164公分，BMI指數25.20）；體重下降3.58公斤，BMI指數下降1.33。

　　基線階段的平均體重為71.43公斤，而介入階段的平均體重降至69.42公斤（基線期至介入期的平均體重下降2.11公斤），趨向穩定和水準穩定性亦為100%，介入期的趨向內的資料路徑顯示體重變化趨勢是向下的。

　　比較介入階段和基準線階段的效果，個案乙的體重呈現進步—退步的變化，介入期的第一個資料點（71.64公斤）比前一階段的最後一個資料點（71.82公斤）減少0.18公斤；兩階段的重疊百分比為2%。

　　在實驗結束之後的三次追蹤階段（1/17、2/21、3/21），體重比起介入階段的最後稍有回升，最後一次

追蹤資料，個案乙的體重為 69.36 公斤（身高 164.2 公分，BMI指數 25.73）。比較追蹤期和介入期，追蹤期的資料點趨勢預估向上，個案乙的體重呈現退步—進步的變化，平均值低於介入階段 0.26 公斤，重疊百分比為100%。

表4-3　個案乙體重階段內資料摘要

階段順序	基線	介入	追蹤
依序	1	2	3
1.階段長度	3	41	3
2.趨向預估	╱（＋）	╲（—）	╱（＋）
3.趨向穩定性	穩定100%	穩定100%	穩定100%
4.平均值	71.43	69.42	69.16
5.趨向內資料路徑	╱（＋）	╲（—）	╱（＋）
6.水準穩定性	穩定100%	穩定100%	穩定100%
7.水準範圍	71.26～71.82	71.64～67.96	69.12～69.36
8.水準變化	71.26～71.82＋0.56	71.64～67.96－3.68	69.12～69.36＋0.24

表 4-4　個案乙體重階段間資料摘要

階段比較	介入 基線		追蹤 介入	
1.改變的變項數目	1		1	
2.趨向方向與效果變化	╱ （＋）	╲ （—）	╲ （—）	╱ （＋）
	負向		正向	
3.趨向穩定性變化	多變到多變		多變到多變	
4.水準變化	71.82～71.64 （－0.18）		67.96～69.12 （＋1.16）	
5.重疊百分比	1/41 2%		3/3 100%	

三、個案丙

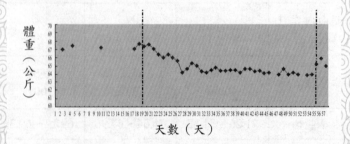

圖 4-4　個案丙體重變化曲線圖

個案丙整個實驗實施過程體重改變資料，如圖 4-4、表 4-5 和表 4-6 所示。實驗進行之前個案丙的體重為 67.08 公斤（身高 157 公分，BMI 指數 27.21）；實驗進行完畢時，個案丙的體重為 64.24 公斤（身高 157.6 公分，BMI 指數 25.86），體重下降 2.84 公斤（基線期至介入期的平均體重下降 2.32 公斤），BMI 指數下降 1.35。

　　基線階段的平均體重為 67.23 公斤，而介入階段的平均體重降至 64.91 公斤（基線期至介入期的平均體重下降 2.32 公斤），趨向穩定和水準穩定性亦為 100%，介入期的趨向內的資料路徑顯示體重變化趨勢是向下的。

　　比較介入階段和基準線階段的效果，個案丙的體重呈現進步—退步的變化，介入期的第一個資料點（67.38 公斤）比前一階段的最後一個資料點（67.64 公斤）減少 0.26 公斤；兩階段的重疊百分比為 6%。

　　在實驗結束之後的三次追蹤階段（1/17、2/21、3/21），體重似有回升，最後一次追蹤資料，個案丙的體重為 64.98 公斤（身高 157.6 公分，BMI 指數 26.16）。比較追蹤期和介入期，追蹤期的資料點趨勢預估向下，個案丙的體重呈現退步—退步的變化，平均值高於介入階段 0.44 公斤，重疊百分比為 100%。

表 4-5　個案丙體重階段內資料摘要

階段順序	基線	介入	追蹤
依序	1	2	3
1. 階段長度	3	34	3
2. 趨向預估	／（＋）	＼（－）	＼（－）
3. 趨向穩定性	穩定 100%	穩定 100%	穩定 100%
4. 平均值	67.23	64.91	65.35
5. 趨向內資料路徑	／（＋）	＼（－）	＼（－）
6. 水準穩定性	穩定 100%	穩定 100%	穩定 100%
7. 水準範圍	67.02～67.64	67.38～63.96	65.2～64.98
8. 水準變化	67.02～67.64 ＋0.62	67.38～63.96 －3.42	65.2～64.98 ＋0.22

表4-6　個案丙體重階段間資料摘要

階段比較	介入 基線		追蹤 介入	
1. 改變的變項數目	1		1	
2. 趨向方向與效果變化	／ （＋）	＼ （－）	＼ （－）	＼ （－）
	負向		正向	
3. 趨向穩定性變化	多變到多變		多變到多變	
4. 水準變化	67.64～67.38 （－0.26）		63.96～65.2 （＋1.24）	
5. 重疊百分比	2/34 6%		3/3 100%	

二、研究評析

㈠本研究所呈現的相關資料堪稱完備，其中曲線圖之資料路徑繪製清楚，所訂的刻度相當詳細，有助於進行視覺分析。

㈡研究者能依循既有的格式進行階段內分析，所計算的數值精確無誤，且鋪陳得條理分明、一目瞭然。

㈢選定的標準尚稱嚴謹，能考慮曲線圖資料點數值之偏高現象，而將標準範圍下修為 10%。

㈣美中不足之處是未使用ABC符號系統，沒有標示階段名稱，從曲線圖中無法區分各個實驗階段。

㈤介入階段的趨向內資料路徑中，其前後兩段的路徑呈不同的趨向，前段為下降，而後段則為持平。因而對曲線的解讀，宜修正為「介入初期，呈現向下的趨勢，意謂介入效果持續出現，然而此向下趨勢隨著介入期的延長而有趨緩的現象」。

第三節

階段間分析

壹、實施步驟

一、操弄變項：註明在實驗中研究者所操弄的變項數目，如一、二或三，通常在一項實驗中所操弄的變項只有一個，即從基線期的單純觀察到處理期的引進介入，或從處理期的介入到維持期的消弱等。

二、趨向路徑與效果變化：決定趨向路徑及介入效果的變化，可參考階段內分析資料。

三、趨向穩定變化：記錄兩階段間其趨向穩定百分比之變化，可直接抄錄自階段內分析資料。

四、水準絕對變化：記錄兩階段間平均水準之變化，可直接

抄錄自階段內分析資料。

五、重疊百分比：旨在比較相鄰兩個實驗階段的介入效果，
首先得找出前實驗階段的水準範圍，將上下限畫出，再
延長至鄰近階段；其次，計算鄰近階段的曲線中落在該
範圍的資料點數所占的百分比，此即為重疊百分比。

　　若所獲之重疊百分比頗高，表示兩階段之效果一致。此
現象若出現在基線和介入兩階段，意謂介入效果差；若是指
介入和維持兩階段，表示保留效果佳（Schlosser & Sigafoos,
2006）。

貳、實例解說

　　請參考圖 3-3，依據上述實施步驟，逐一進行階段間分
析，並將結果整理成資料表（如表 3-2）。

步驟 1　**變項改變之數目：從研究程序的描述，顯示相鄰兩階段**
間發生的變化，一般係指介入之實施或效果之維持等，
因之變項改變的數目通常為 1。

階段比較	$A_1 ／ B_1$ （1：2）
變項改變之數目	1

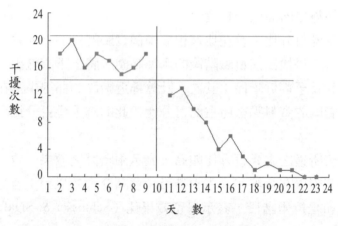

圖 3-3　階段間趨向及水準之比較

步驟 2

趨向路徑與效果變化：記錄兩階段間的趨向路徑以及介入效果的變化；可參考「階段內分析表」之「2.趨向路徑預估」之資料。

階段比較	A₁／B₁ （1：2）
2.趨向路徑與效果變化	＼　　　＼ （＋）　（＋）

步驟 3

趨向穩定性之變化：記錄兩階段間趨向穩定性之變化；可參考「階段內分析表」之「3.趨向穩定性」的資料。

階段比較	A₁／B₁ （1：2）
3.趨向穩定性之變化	不穩定到穩定

步驟 **4**　水準之絕對變化：即前一階段的最後資料點與後一階段的第一個資料點之間的落差，此亦可稱為實驗的立即效果。

階段比較	A_1 / B_1 (1：2)
4.水準之絕對變化	（18-12） ＋6

步驟 **5**　計算重疊百分比：嘗試計算後一階段的資料點中，落在前一階段範圍內所占的百分比。例如：

（0／13）× 100%＝ 0%

階段比較	A_1 / B_1 (1：2)
5.重疊百分比	0%

表 3-2　階段間資料分析表

階段比較	A_1 / B_1 (1：2)			
1.變項改變之數目	1			
2.趨向路徑與效果變化	＼　＼ （＋）（＋）			
3.趨向穩定性之變化	不穩定到穩定			
4.水準之絕對變化	（18－12） ＋6			
5.重疊百分比	0%			

參、實例與評析

一、研究實例

　　林靜慧（2004）對國小輕度智能障礙學生實施問答命題策略教學以探討其閱讀理解之成效，研究對象為三名國小資源班學生。自變項為問答命題策略教學，指在實驗處理階段中，教師引導學生察覺自己回答閱讀問題的認知過程，訓練學生根據文章的內容或自己的知識和經驗，能區別不同的答案資料來源。依變項則包含閱讀理解能力及閱讀理解表現。

二、實驗程序

　　採用單一受試研究法跨受試多探試設計，其原則有四：(1)於進行研究前針對研究對象設計學習目標；(2)對未進入處理期的研究對象進行間斷探試；(3)進入處理期前，至少蒐集三次連續性的基線資料；(4)當第一位研究對象進入處理期達到學習目標且呈現穩定狀態，第二位研究對象再進入處理期。

　　實驗設計分為三個階段：(1)基線階段——進行至少三次連續性的評量，蒐集受試的基線資料；(2)處理期——介入問答命題策略教學處理，持續蒐集受試接受問答命題策略教學的表現；(3)保留期——教學處理結束後實施追蹤評量。以下就各階段之進行方式說明於後：

(一)基線期（A）

　　針對三位參與實驗之受試者評量其閱讀理解能力表現，以了解研究對象接受教學處理前之閱讀理解能力水準。在進入教學處理期前，每位受試者至少接受三次連續評量，當第一位受試者之資料顯示穩定水準或趨向時，即實施教學介入活動，第二位和第三位受試者則進行間斷性的探試。當第一位受試者達到預定水準且呈穩定狀態時，第二位受試者才介入教學處理，第三位受試者則持續間斷性探試。當第二位受試者達預定水準且達穩定狀態時，第三位受試者才介入教學處理。在此階段，研究者只針對研究對象之閱讀能力水準進行評量，並不對評量內容做說明或解釋。

(二)處理期（B）

　　當第一位受試者之基線資料顯示穩定水準或趨向時，即實施教學介入活動。第一位受試者閱讀理解測驗的答對率連續三天超過 80%時，第一位受試者之教學處理即告一段落，接著第二位受試者進入處理期。當第二位受試者之閱讀理解測驗的答對率連續三天超過 80%時，第二位受試者之教學處理亦告一段落，接著第三位受試者開始接受教學處理。當第三位受試者之閱讀理解測驗的答對率連續三天超過 80%時，整個處理期告一段落。

　　本研究之教學由研究者執行，避免因教學者不同而影響教學實驗的結果。教學地點為研究對象就讀學校之資源班，教學時間為利用受試者者到資源班上課的時間，每週抽出三節課進行實驗教學，每節課是 40 分鐘，每節課於進行問答命題策略教學後，研究者以一篇閱讀理解測驗來測量受試者者，

此測驗包括 10 題四選一的選擇題。本研究以受試者者在此測驗的答對百分比作為受試者當天之閱讀理解能力表現。

㈢保留期（C）

於教學處理結束 10 天後進行閱讀理解測驗（一週三次），以了解受試者閱讀理解能力之保留情形。當受試者乙進行第三次保留測驗時，受試者甲亦實施第四次追蹤評量；當受試者丙進行第三次保留測驗時，受試者乙亦實施第四次追蹤評量，受試者甲則進行第五次保留測驗。

㈣結果與分析

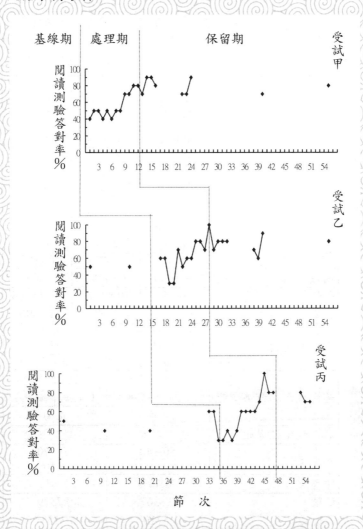

圖 4-1　三位受試者各階段閱讀理解能力折線圖

表4-1　受試者甲閱讀理解能力之分析摘要表

		基線期 A 1	處理期 B 2	保留期 C 3
階段內的變化	階段長度	3	13	5
	趨向預估	／ （＋）	／ （＋）	／ （＋）
	趨向穩定性	穩定 100 %	多變 61.54 %	多變 80 %
	趨向內資料路徑	／ － （＋）	／ （＋）	／ （＋）
	水準穩定性	多變 66.67 %	多變 23.08 %	多變 80 %
	水準範圍	40 － 50	40 － 90	70 － 90
	水準變化	40－50 （+10）	40－80 （+40）	70－80 （+10）
	階段平均值	46.67%	66.15%	76%
	C 值	0.25	0.8209	－ 0.4063
	Z 值	0.7071	3.2080*	1.1490

		A/B （2：1）		B/C （3：2）	
階段間的變化	階段間比較				
	趨向方向與效果變化	／ （＋）	／ （＋）	／ （＋）	／ （＋）
		正向		正向	
	趨向穩定性變化	穩定到多變		多變到多變	
	水準變化	50－40 （－10）		80－70 （－10）	
	重疊百分比	38.46%		100%	
	C 值	0.8367		0.7379	
	Z 值	3.5710*		3.3153*	

*p ＜ .05

三、研究評析

㈠所呈現之曲線圖相當清晰而詳實，據圖可知實驗進行的時間和日期，以及自變項與依變項的關係。

㈡採用的表格清楚而詳細，各個向度上所記錄的數據精確無誤。同時能針對階段間的趨向和水準進行分析和比較；也正確地算出兩階段的重疊百分比。

㈢研究者能應用Ｃ統計於階段間之比較，更能客觀地比較兩階段之間的差異，能彌補視覺分析資料之不足。

㈣目前一般的作法是，於實驗階段間採用實線加以區隔，唯階段內才用虛線。

第四節

視覺分析摘要

壹、階段內分析

原則上，視覺分析摘要的內容須涵蓋各個實驗階段，包括基線、介入，以及維持（若有）階段等。其次，在順序上可依發生的先後流程，依序描述。既然是摘要性質，當然最重要的乃在於提綱挈領、脈絡分明，以及簡潔扼要。

一、說明基線階段資料：描述曲線圖上資料點的變化，包括

其趨向穩定係數及平均水準。若有明顯或意外的變化，亦須加以描述。例如在基線階段，平均水準甚低，只達2.0。

二、闡述介入階段資料：說明實施介入後的資料變化，註明其立即效果，即介入階段第一個資料點值。例如，實施介入後，行為有了明顯的變化，即識字數目立即從 2.0 提升至 4.5。

三、述說介入主要結果：包括資料的趨向和水準兩個向度。例如，在介入階段中，學習行為維持正向而穩定的發展，識字率節節上升。

四、陳述維持階段資料：說明進入維持階段的時間點，以及行為的變化。例如，在維持階段中，即使已經撤除介入策略，教學成效亦能保留至一個月之久。

五、總結分析內容：結束之前，再針對階段內的分析內容，做個歸納，最後寫個結語。例如，在基線階段表現平平，但進入介入階段後即產生正向的行為變化，且在水準上呈現大幅的進步，趨向亦呈相對的穩定；最後，在維持階段撤回介入後，其保留效果亦相當明顯。

貳、階段間分析

原則上，描述的內容主要涵蓋跨階段的行為變化，強調不同階段間的比較，必要時可針對突兀不明的變化或超乎預期的結果，提出個人的疑慮，再闡明可能的肇因，最後歸納

並寫下主要結語。

一、陳述水準變化：即說明介入前和介入後的主要變化。例如，於基線的最後一節，受試者的識字數量為 2.0，一旦進行教學後，識字量明顯提高至 4.5。

二、解釋重疊百分比：例如，在兩個實驗階段間，學生識字量的重疊率甚低，僅為 10%，顯示教學效果已達一定的水準。

三、提出疑慮／建議：介入結果是否已達預期的目標，若否，探討可能的肇因。實施過程中，是否出現超乎預期的行為變化，原因何在，在此變化是否對研究結果造成衝擊，並列出可能的因應策略。

四、寫下整體結論：綜合上述分析，歸納出重點後，整理出本研究之主要結論。例如，同儕教學策略能有效提高國中階段中度智能障礙學生的識字率。

參、實例與評析

一、研究實例

對視覺分析摘要進行評論之前，須先了解整個視覺分析過程及結果之全貌，因而本部分也以林靜慧（2004）之研究為例，做為研究評析的對象。其視覺分析摘要敘述如下：

一、階段內分析

在基線期階段之趨向預估、趨向穩定性呈現穩定，趨向內資料路徑先變動後穩定，水準變化是＋10，水準範圍為40%～50%，平均值為46.67%。在處理期階段，閱讀理解測驗答對率呈進步趨勢，趨向預估、趨向內資料路徑為進步趨勢，趨向穩定和水準穩定皆為多變狀態，水準範圍為40%～90%，水準變化是＋40，平均值為66.15%，且達到統計顯著性（Z＝3.2080，p＜.05）。保留期趨向預估、趨向內資料路徑呈上升趨勢，趨向穩定和水準穩定皆為多變狀態，水準範圍為70%～90%，水準變化是＋20，平均值為76%。

二、階段間分析

相鄰階段間變化方面，受試者甲在基線期與處理期兩階段間之水準變化為40%～50%，重疊百分比為38.46%，並達到統計顯著性（Z＝3.5710，p＜.05），顯示教學有效果。處理期與保留期階段間水準變化為70%～80%，重疊百分比為100%，並達到統計顯著性（Z＝3.3153，p＜.05），呈現保留效果。

二、研究評析

㈠把握重要原則，即能依據事件發生的先後順序，進行分析，且內容詳實易解。

㈡能具體而扼要，能針對各階段的主要內容提供充分而具體數據，說明行為變化結果。

㈢能強調客觀性，研究者盡量避免採用主觀的用語，取而代之的是具體數據及客觀分析，例如重疊百分比及 Z 考驗等，能相當客觀地說明本研究的正向結果。

㈣除了數據的呈現外，文字的描述也有其重要性和必要性，本研究過度強度前者而全然忽略後者。

㈤雖然提供了頗為詳細的數據，但讀者很難形成深刻的印象。究其因在於研究者未能針對階段內和階段間的分析資料，加以歸納，並做成結論。

第四章

輔助性統計

重要概念

一、無母數統計（Non-Parametric Statistics）

推論統計旨在藉著取樣的過程蒐集資料，再透過相關的資料分析，以達推論的目的。基本前提是，母群必須呈常態分配，當然樣本數也須達一定的數量。若研究者的主要目的不在於推論，同時樣本數也過少時，即可採用無母數統計。

二、C統計（Tryon's C Statistics）

在單一受試研究的架構下，一般的資料分析係透過視覺分析來達成。然而該分析的過程及結果常遭質疑，被評過度主觀。為此可加上C統計，這是一種Z考驗，方法簡易，只要將所觀察到的資料值帶入公式，即可算出各種處理效果，包括介入成效、保留效果等。

三、效果值分析（Effect Size）

效果值係一種同時考慮平均值和標準差的分析法。假設兩種運動療法皆宣稱能在八週內協助個案減肥八公斤，但其組內變化殊異，例如其中甲療法平均每週能減 1.0 公斤，而乙療法則前四週平均每週減半公斤，而後四週平均每週甩 1.5 公斤，雖然最後的結果相同，然而那只是「量」的相等，就「質」

而言仍有差異。因而進行介入之結果分析時，若能考慮組內差異而採用效果值分析，才有實「質」的意義。

四、社會效度（Social Validity）

研究者藉由一序列的過程，進行資料的蒐集與分析，最後做成結論：本研究成效卓著，值得各界參考。然而這種結論純係資料分析的結果，並未考量其社會的適切性，即外人對這篇研究報告的解讀。因此，社會效度係指社會上與受試者有關的人員（除研究者外）對本研究結果的看法，其與研究者一致的程度。

第一節

無母數統計

壹、意義

統計學（statistics）分為有母數（parametric）與無母數（non-parametric）兩大領域，前者係以機率觀念為基礎，再

搭配取樣分配的原理，因而得以解決許多統計上，諸如估計、考驗以及迴歸等應用問題。後者乃是植根於誤差的概念，因此雖然能解決的問題類型較少，層次也較低，然而卻能應用在特殊的情境，因而對有母數具有相輔相成的作用。

貳、主要特性

事實上，所謂「無母數」統計是一種誤導，因為任何統計不可能沒有母數或參數（parameter）；只是在此統計中所涉及的母群不必呈常態分配。因此，若樣本數較小時，相當實用，也能進行樣本的檢定；唯其考驗力較小，亦即犯 β 錯誤的機率較大。此外，無母數統計亦包含以下三種特性：

一、計算簡易：樣本少，數據小，公式易，可以手算，也有電腦應用程式代勞。

二、考驗力差：在統計考驗力上，遠不如有母數的 t 考驗或變異數分析（Leech & Onwuegbuzie, 2002）。

三、功能受限：只能分析單一變項的主要作用，而無法處理多變項間的交互作用問題。

參、實際應用

無母數統計法長期受到學術界的冷落，推究其因乃在於認知上的缺乏，即不知其適用時機或情境。事實上，無母數

統計法主要的應用時機有三：

一、當依變項為類別、次序變項時，例如，性別、年級、障別等。

二、當依變項為等距、比率變項，而母群不是呈常態分配時，例如，特教班學生的認知能力、特殊學校學生的成就測驗。

三、當依變項為等距、比率變項，然而受試樣本太小時；例如，特教班學生的性知識測驗（Leech & Onwuegbuzie, 2002）。

　　基於上述的特性，無母數統計法相當適用於小樣本，甚至單一個案的研究領域，如小班教學、個案研究、體育訓練，以及臨床醫療等情境。

肆、常用模式

一、單一樣本檢定：可選擇 Kolmogorov-Smirnov test 或 Runs test。

二、兩個獨立樣本：可考慮 Kolmogorov-Smirnov test、Kruskal-Wallis test 以及 Mann-Whitney test 等。

三、兩個相依樣本：可從以下各項中擇一而行，Sign test、Wilcoxon Signed Ranks test 以及 McNemar test。

四、多個獨立樣本：只能使用 Kruskal-Wallis test。

五、多個相依樣本：可選 Friedman test 或 Cochran test。

伍、實施步驟

以曼－惠特尼U考驗法（the Mann-Whitney U test）為例，這是一種常用的檢定法，旨在比較兩個樣本之差異。與z考驗或t考驗不同的是，它所比較的並非樣本的平均數，而是分數的等級排列。

實施步驟如下：

1. 首先，將兩樣本合併，並依分數之高低排列。
2. 其次，分別將每一個樣本分數所排定之等級加起來，各得一總和。
3. 最後，比較兩樣本間等級總和之差異，而得檢定統計值U。

陸、研究實例

在一篇針對聽覺障礙違抗（oppositional defiant behavior, ODB）兒童之溝通互動能力研究中，翁素珍（2005）分為兩階段進行，也分別採用兩種不同的統計分析方法。第一階段研究主要目的在了解聽障兒童之違抗與違規行為的現況，學前聽障受試為31名、學前一般受試為64名、國小聽障受試為78名、國小一般受試為317名。由於不同年齡受試人數皆在30名以上，故採用母數統計分析方法。

　　第二階段研究主要目的在探討聽障非ODB組、聽障ODB組與一般ODB組在情境式溝通互動評量，三組在溝通能力與互動行為的差異。三組受試同時包括學前與國小兒童，聽障非 ODB 組學前兒童有四名、國小兒童六名；聽障 ODB 組學前與國小兒童各八名；一般ODB組學前與國小兒童各五名。由於三組受試皆屬於小樣本，故採用下列無母數統計分析方法：

一、採克－瓦二氏單因數等級變異數分析（Kruskal-Wallis one-way analysis of variance by ranks，簡稱 H 考驗）檢定不同組別（聽障非ODB組、聽障ODB組及一般ODB組）之學前與國小兒童，在溝通能力及互動行為各類別項目之差異。

二、用魏可遜曼惠特尼 U 考驗（Wilcoxon Mann-Whitney U test，簡稱U考驗）檢定各組學前與國小兒童，在溝通能力及互動行為各類別項目之差異。

三、以H考驗事後比較，使用Hochberg's Sharpened Bonferroni Correction方式調整□值為.05/3=.017，第二大P值之比較組別的□值調整為.05/2=.025，最小P值之比較組別的□值調整為.05/1=.05。部分結果如下：

壹、不同組別學前兒童之差異

一、溝通能力

　　本研究分析之溝通反應包括整體溝通次數、語言、非語言及無反應等溝通方式，茲分別說明如下：

㈠不同溝通反應

1. 整體溝通次數

各組學前與國小兒童在不同溝通反應的平均數與標準差，在整體溝通次數三組學前兒童平均數之高低依序為一般ODB組、聽障ODB組及聽障非ODB組，統計分析結果如表4-2-2，三組在整體溝通次數達顯著差異（H＝8.18，P＜.05），經事後比較，發現一般ODB組顯著高於兩組聽障兒童，而聽障ODB組之平均數雖高於聽障非ODB組，但兩組聽障兒童間未達顯著差異。顯示在標準化指導語與遊戲情境中，學前一般ODB組之溝通總次數，遠高於其他兩組聽障兒童，但兩組聽障兒童之差異則不明顯。

2. 語言溝通方式

三組學前兒童之平均數高低依序為一般ODB組、聽障非ODB組及聽障ODB組，統計分析結果如表4-2-2，三組在語言溝通方式（H＝8.74，P＜.05）達顯著差異，經事後比較，發現一般ODB組顯著高於其他兩組聽障兒童，而聽障非ODB組之平均數雖高於聽障ODB組，但兩者未達顯著差異。顯示學前一般ODB組使用語言溝通方式遠高於其他兩組學前聽障兒童，但兩組聽障兒童之差異則不明顯。

其次在語言溝通之說話部分，三組平均數之高低依序為一般ODB組、聽障非ODB組及聽障ODB組，統計分析結果如表4-2-2，三組在說話達顯著差異（H＝6.83，

P<.05），經事後比較，一般ODB組顯著高於聽障ODB組，但聽障非ODB組與聽障ODB組及聽障非ODB組與一般ODB組皆未達顯著差異。顯示與他人溝通時，學前一般ODB組說話的情形，明顯高於聽障ODB組。在語言會話部分，除了不適當回應三組未達顯著差異（H＝0.71，P＞.05）外，整體上不論是會話次數總計（H＝8.10，P<.05）、會話開始（H＝6.70，P<.05）、會話回應（H＝8.47，P<.05）、適當回應（H＝7.58，P<.05）及回應缺失值方面（H＝6.24，P<.05），三組皆達顯著差異。經事後比較，發現除回應缺失值為聽障非ODB組顯著高於一般ODB組，而其他兩組聽障及兩組ODB兒童皆未達顯著差異外，其餘項目均是一般ODB組顯著高於其他兩組聽障兒童，但兩組聽障兒童之間則未達顯著差異。顯示在語言會話部分，除了三組學前兒童在不適當回應的差異較不明顯外，學前一般ODB組在會話各項目明顯高於其他兩組聽障兒童，但學前聽障非ODB組比起一般ODB組，在回應他人談話時，有較多無法正確判讀的語言溝通訊息。

　　3.非語言溝通方式

　　在非語言溝通方式，三組平均數之高低依序為聽障ODB組、聽障非ODB組及一般ODB組，統計分析結果如表4-2-2，三組在非語言溝通方式達顯著差異（H＝8.00，P<.05），經事後比較，發現聽障ODB組顯著高於一般ODB組，聽障非ODB組之平均數雖高於一般

ODB組，但兩組未達顯著差異，而兩組聽障兒童之間也未達顯著差異。顯示學前聽障ODB組使用非語言溝通方式高於一般ODB組，但兩組聽障兒童之差異則不明顯。

　　在非語言溝通之說話部分，三組平均數之高低依序為一般ODB組、聽障非ODB組及聽障ODB組，統計分析結果如表4-2-2，三組在說話未達顯著差異（H＝5.78，P＞.05）。在非語言會話次數總計（H＝10.27，P＜.01）、會話回應（H＝9.59，P＜.01）、會話適當回應（H＝9.73，P＜.01）及會話回應之眼神接觸（H＝7.20，P＜.05）方面，三組皆達顯著差異。經事後比較，發現聽障ODB組皆顯著高於一般ODB組，其次在會話回應及適當回應方面，聽障非ODB組也顯著高於一般ODB組，但兩組聽障兒童之間並未達顯著差異；聽障ODB組之眼神接觸也顯著高於聽障非ODB組，但聽障非ODB組與一般ODB組並未達顯著差異。在會話開始（H＝4.56，P＞.05）及不適當回應方面（H＝1.87，P＞.05），三組學前兒童則未達顯著差異。

　　上述結果顯示除說話、會話開始及不適當回應外，在非語言溝通之所有項目，學前聽障ODB組之次數皆明顯高於一般ODB組，而學前聽障非ODB組在會話回應及會話適當回應之次數，也明顯高於一般ODB組；學前聽障ODB組僅在眼神接觸明顯高於聽障非ODB組，其餘非語言項目，兩組學前聽障兒童之差異並不明顯。

4.無反應溝通方式

在無反應部分，三組平均數之高低依序為聽障ODB組、一般 ODB 組及聽障非 ODB 組，統計分析結果，三組在無反應溝通方式未達顯著差異（H＝4.20，P＞.05），顯示兩組學前 ODB 兒童之平均數雖高於聽障非 ODB 組，但三組學前兒童之差異並不明顯。

表4-2-2　不同組別學前兒童在不同溝通反應之差異

項目	H值	P值	調整□值					事後比較
			A×B	A×C	B×C	A×B	A×C	B×C	
溝通總計	8.18*	.063	.007	.020	.017	.050	.025	C＞A,＞B
語言溝通	8.74*	.367	.007	.004	.017	.025	.050	C＞A,C＞B
說　話	6.83*	.044	.162	.010	.025	.017	.050	C＞B
會　話	8.10*	.433	.007	.006	.017	.025	.050	C＞A,C＞B
會話開始	6.70*	.433	.025	.008	.017	.025	.050	C＞A,C＞B
會話回應	8.47*	.432	.007	.005	.017	.025	.050	C＞A,C＞B
不當回應	.71							
缺失值	6.24*	.041	.014	.121	.025	.050	.017	A＞C
非語言	8.00*	.045	.163	.004	.025	.017	.050	B＞C
說　話	5.78							
會　話	10.27**	.031	.070	.002	.025	.017	.050	B＞C
會話開始	4.56							
會話回應	9.59**	.063	.025	.003	.017	.025	.050	A＞C,B＞C
適當回應	9.73**	.087	.014	.003	.017	.025	.050	A＞C,B＞C
不當回應	1.87							
眼神接觸	7.20*	.013	.039	.017	.050	.017	.025	B＞A,B＞C
無反應	4.20							

表 4-2-11　各組學前與國小兒童溝通能力語用要素及語法總計

項目	聽障非 ODB 組			聽障 ODB 組			一般 ODB 組		
	平均數		U 值	平均數		U 值	平均數		U 值
	學前	國小		學前	國小		學前	國小	
語言溝通									
語言描述	5.75	5.33	11.00	7.06	9.94	20.50	7.00	4.00	5.00
語言請求	4.00	6.50	6.00	7.56	9.44	24.50	6.40	4.60	8.00
語言表述	6.13	5.08	9.50	6.31	10.69	14.50*	5.90	5.10	10.50
缺失值	8.50	8.50	9.00	3.88	10.12	10.50*	5.20	4.20	8.00
非語言									
非語言描述	6.25	5.00	9.00	9.69	7.31	22.50	6.40	4.60	8.00
非語言請求	7.75	4.00	3.00*	9.94	7.06	20.50	4.80	6.20	9.00
非語言表述	6.25	5.00	9.00	7.63	9.38	25.00	6.00	5.00	10.00
眼神接觸	6.75	4.67	7.00	11.25	5.75	10.00*	5.30	5.70	11.50
語法									
完整句	4.38	6.25	7.50	7.38	9.63	23.00	6.20	4.80	9.00
不完整句	6.75	4.67	7.00	7.13	9.88	21.99	5.60	5.40	12.00

*p＜.05，**p＜.01
註：A ＝聽障非 ODB 組，B ＝聽障 ODB 組，C ＝一般 ODB 組

第二節

C 統計

壹、基本概念

C 統計又稱為簡化時間序列分析（simplified time-series analysis）之 C 統計考驗（Fitz & Tryon, 1989），又稱為簡化時間序列分析（simplified time-series analysis），適用於單一受試研究架構的資料分析，能彌補視覺分析資料之不足。

貳、實際應用

一、階段內

若只限於某一階段的資料分析，將該階段的所有資料帶入公式，所得的 Z 值，可作為判斷資料的穩定程度。若達顯著水準，表示受試者在該階段的行為表現，變化幅度甚鉅，非呈穩定狀態。相反地，若未達顯著水準，則意謂行為呈現穩定狀態（Jones, 2003）。

二、階段間

　　若資料分析擴及鄰近的實驗階段，則可進行階段間的比較。例如，將基線和介入兩相鄰兩階段的資料帶入公式，若所得的 Z 值達顯著水準，表示介入效果顯著；相反地，若未達顯著水準，則意謂介入效果不彰（Jones, 2003）。同理，若相鄰兩階段是介入和維持階段，則當 Z 值達顯著水準時，表示保留效果不佳；相反地，若未達顯著水準，則意謂保留效果顯著。

參、計算公式

　　C 統計所用的公式相當簡易，加上單一受試架構的相關數據不多，因而即使手算，也非難事。主要公式有三：

一、
$$C = 1 - \frac{\sum\limits_{i=1}^{N-1}(X-1 - X_i + 1)^2}{2\sum\limits_{i=1}^{N}(X-1 - X)^2} \quad （公式一）$$

二、
$$S_c = \sqrt{\frac{N-2}{(N-1)(N+1)}} \quad （公式二）$$

三、
$$Z = \frac{C}{S_c} \quad （公式三）$$

肆、應用程式

　　除了帶公式手算外，目前 C 統計也有程式可用。林玉芳（2005）採用自行設計的程式，只須輸入各相關資料，C 統計程式即能自動計算出其 C、S_c 以及 Z 值，過程簡單無比，結果精確無誤，值得推廣使用。然而此 C 統計程式，其目前的版本只允許研究者一次輸入 23 筆數據，超出此限者，皆無法列入計算，此乃美中不足之處。

伍、研究實例

　　在一項針對國中啟智班學生採用鷹架策略以探討其自我保護教學之成效研究中，陳曉薇（2004）透過 C 統計進行以下五部分之資料進行分析：⑴基線期和實驗處理期；⑵實驗處理期；⑶實驗處理期後半段（即第 11～20 次，共 10 個資料點）；⑷實驗處理期後半段和維持期；以及⑸維持期資料。

　　經考驗結果，若各部分資料之 Z 值，達 $p < .05$ 之顯著水準，即表示該部分時間系列資料有明顯的趨勢；反之，若該部分資料的統計結果之 Z 值未達 $p < .05$ 之顯著水準，則表示該部分的時間系列資料呈現穩定的狀態。

在基線期、實驗處理期及維持期之答對率曲線圖分析

　　接受教學處理的三位受試（甲、乙、丙），在基線期、處理期進行「自我保護知識（學習）測驗」的施測，而在維持期則進行「自我保護知識（維持）測驗」的施測，以其在測驗各題答對的答案數（1個、2個、3個或4個）乘以該題配分（1分、3分或4分題），即為該題得分，二十題之得分除以總分100分，乘以百分比，則為該測驗之答對率。另外，未進行教學處理，僅參與評量的受試丁，其測驗所得資料點亦繪成曲線圖，提供實驗對照。

　　本研究將四位受試之測驗答對率繪成曲線圖4-1，以下就圖4-1「受試者在基線期、實驗處理期及維持期之自我保護知識（學習、維持）測驗答對率之分布圖」，分別說明受試在各階段的表現。

一、受試甲

　　在基線期，受試甲接受四次測量，答對率分別為20%、21%、23%、20%。進入實驗處理期之後，除第三次、第九次呈現小幅度得分滑落之外，其答對率大致呈上升的行為，且在第十九次達到預訂標準（連續三次答對率達到85%以上）。當受試甲接受教學處理，其測驗答對率開始出現明顯變化時，作為對照的受試丁，其表現並沒有明顯變化；且當受試甲答對率表現逐漸上升的同時，進行實驗前基線測量之受試乙，其表現亦無明顯之變化。由此可知，受試甲在自我保護知識學習測驗上

答對率的提高，是由於鷹架策略教學活動設計之介入處理所造成的。另外，在維持期，受試甲的答對率分別為90%、89%，顯示其表現保持在良好的水準上。作為對照的受試丁，其表現仍無明顯變化。

二、受試乙

在最先的基線期，受試乙接受四次測量，答對率分別為26%、26%、29%、28%。實驗處理之前，再進行三次基線測量，答對率分別為25%、27%、26%。進入實驗處理期之後除第十三次、第十六次呈現小幅度得分滑落之外，其答對率大致呈上升的行為，且在第十九次達到預訂標準（連續三次答對率達到85%以上）。當受試乙接受教學處理，其測驗答對率開始出現明顯變化時，作為對照的受試丁，其表現並沒有明顯變化；且當受試乙答對率表現逐漸上升的同時，進行實驗前基線測量的受試丙，其表現亦無明顯之變化。由此可知，受試乙在自我保護知識學習測驗上答對率的提高，是由於鷹架策略教學活動設計之介入處理所造成的。另外，在維持期，受試乙的答對率分別為86%、84%，顯示其表現保持在良好的水準上。作為對照的受試丁，其表現仍無明顯變化。

三、受試丙

在最先的基線期，受試丙接受四次測量，答對率分別為28%、29%、31%、28%。實驗處理之前，再進行三次基線測量，答對率分別為29%、27%、31%。進入實驗處理期之後除第二次、第八次、第十二次、第十三次呈

現小幅度得分滑落之外，其答對率大致呈上升的行為，且在第二十次達到預訂標準（連續三次答對率達到85%以上）。當受試丙接受教學處理，其測驗答對率開始出現明顯變化時，作為對照的受試丁，其表現並沒有明顯變化。由此可知，受試丙在自我保護知識學習測驗上答對率的提高，是由於鷹架策略教學活動設計之介入處理所造成的。另外，在維持期，受試丙的答對率分別為90%、86%，顯示其表現保持在良好的水準上。作為對照的受試丁，其表現仍無明顯變化。

四、受試丁

受試丁在本研究中作為對照受試，在以下時間點進行施測，取得測驗答對率之資料，分別說明如下。

(一)基線期：與受試甲、乙、丙一同進行基線測量，共取得四個資料點。

(二)實驗處理期：這裡所指實驗處理期，分別為受試甲、乙、丙進行教學處理之階段。在圖4-1的第七節（對照受試甲）、第二十七節（對照受試乙）及第四十七節（對照受試丙），即三位受試在測驗答對率出現明顯變化時，取得與對照的資料點各一個，總計為三個資料點。

(三)維持期：這裡所指維持期，分別為受試甲、乙、丙進入維持之階段。在圖4-1的第三十六節（對照受試甲）、第五十六節（對照受試乙）及第七十六節（對照受試丙），即三位受試進行第二次維持期測驗時，取得對照的資料點各一個，總計為三個資料點。

表4-3 受試者的簡化時間系列分析結果摘要表

受試者	實驗階段	C	Sc	Z
受試甲	基線期	−.1667	.3651	−.4564
	基線期＋處理期	.9818	.1956	5.0191**
	處理期	.9795	.2124	4.6114**
	處理期後半段（後10點）	.9368	.2843	3.2954**
	處理期後半段（後3點）＋維持期	.0385	.3536	.1088
受試乙	基線期	−.0500	.3227	−.1549
	基線期＋處理期	.9861	.1853	5.3211**
	處理期	.9739	.2124	4.5851**
	處理期後半段（後10點）	.8386	.2843	2.9499**
	處理期後半段（後3點）＋維持期	.1872	.3536	.5294
受試丙	基線期	−.2500	.3227	−.7746
	基線期＋處理期	.9794	.1853	5.2850**
	處理期	.9680	.2124	4.5575**
	處理期後半段（後10點）	.8900	.2843	3.1307**
	處理期後半段（後3點）＋維持期	.2024	.3536	.5724

$p^{**} < .01$

一、受試甲的 C 統計分析結果

受試甲在基線期的表現資料，經統計分析結果 Z 值為 −.4564，未達 .01 統計水準，表示受試甲在基線期之表現呈現穩定狀態。

受試甲在基線期及實驗處理期兩階段間的資料，其 C 統計分析結果之 Z 值為 5.0191，達 .01 統計水準。這表示受試甲在自我保護知識學習測驗上的答對率有持續增

加的趨勢，亦即鷹架策略之教學活動設計的教學處理有顯著的效果。

受試甲在實驗處理期的 C 統計分析結果的 Z 值為 4.6114，達.01 統計水準，即其資料分布呈現上升的趨勢。顯示受試甲在實驗處理期階段，經過鷹架策略教學活動設計的教學處理之後，其自我保護知識學習測驗的答對率持續地上升。

受試甲在處理期後半段，其 C 統計分析結果之 Z 值分別為 3.2954，達到顯著水準。表示受試甲在實驗處理期後半段，其自我保護知識學習測驗的答對率仍呈現持續攀升的狀態；而在實驗處理期後半段到維持期的階段間，其 Z 值為.1088，未達顯著水準，表示受試甲的表現平穩，實驗處理的效果仍繼續維持穩定狀態。

二、受試乙的 C 統計分析結果

受試乙在基線期的表現資料，經統計分析結果 Z 值為－.1549，未達.01 統計水準，表示受試乙在基線期之表現呈現穩定狀態。

受試乙在基線期及實驗處理期兩階段間的資料，其 C 統計分析結果之 Z 值為 5.3211，達.01 統計水準。這表示受試乙在自我保護知識學習測驗上的答對率有持續增加的趨勢，亦即鷹架策略之教學活動設計的教學處理有顯著的效果。

受試乙在實驗處理期的 Z 值為 4.5851，達.01 統計水準，即其資料分布呈現上升的趨勢。顯示受試乙在實驗

處理期階段，經過鷹架策略教學活動設計的教學處理之後，其自我保護知識學習測驗的答對率持續地上升。

受試乙在處理期後半段，其 Z 值分別為 2.9499，達到顯著水準。表示受試乙在實驗處理期後半段，其自我保護知識學習測驗的答對率仍呈現持續攀升的狀態；而在實驗處理期後半段到維持期的階段間，其 Z 值為 .5294，未達顯著水準，表示受試乙的表現平穩，實驗處理的效果仍繼續維持穩定狀態。

三、受試丙的 C 統計分析結果

受試丙在基線期的表現資料，經統計分析結果 Z 值為一 .7746，未達 .01 統計水準，表示受試丙在基線期之表現呈現穩定狀態。

受試丙在基線期及實驗處理期兩階段間的資料，其 C 統計分析結果之 Z 值為 5.2850，達 .01 統計水準。這表示受試丙在自我保護知識學習測驗上的答對率有持續增加的趨勢，亦即鷹架策略之教學活動設計的教學處理有顯著的效果。

受試丙在實驗處理期 C 統計分析結果的 Z 值為 4.5575，達 .01 統計水準，即其資料分布呈現上升的趨勢。顯示受試丙在實驗處理期階段，經過鷹架策略教學活動設計的教學處理之後，其自我保護知識學習測驗的答對率持續地上升。

受試丙在處理期後半段，其 C 統計分析結果之 Z 值分別為 3.1307，達到顯著水準。表示受試丙在實驗處理

期後半段，其自我保護知識學習測驗的答對率仍呈現持續攀升的狀態；而在實驗處理期後半段到維持期的階段間，其簡化時間系列分析結果Z值為.5724，未達顯著水準，表示受試丙的表現平穩，實驗處理的效果仍繼續維持穩定狀態。

綜合上述C統計分析的結果，可以發現：從基線期到實驗處理期兩階段間的資料，三位受試均呈現顯著變化，表示經由鷹架策略之教學活動設計的教學處理，受試者在自我保護知識學習測驗的答對率上逐漸增加，最後呈現顯著提升，顯示實驗處理的效果是正向的。另外，三位受試者在實驗處理期的表現資料呈現一致的上升趨勢，答對率均逐漸增加，在實驗處理期的後半段（後10個資料點）仍呈現明顯的上升，而在實驗處理期的後半段（後3個資料點）及維持期兩階段間的資料，三位受試者均呈現穩定表現狀態，表示前面學習的內容及效果持續累積。教學處理接近尾聲時，受試者表現依舊穩定上升，因此與維持期資料一同分析，顯現出穩定狀態。

第三節

效果值分析

壹、基本概念

效果值（effect size）係指一種針對兩個變項資料的分析方法，目的在評量其間關係的強度。一般假設性的研究設計，主要目的在驗證一種假設性關係的存在是否大於機率。相反的，效果值分析在於評估一個介入的強度。在科學研究上，令人感興趣的往往不僅是介入結果是否顯著，而是其程度的大小。就考驗力而言，若條件許可，效果值分析可比美 t 檢定（Cohen, 1992）。

貳、適用情境

一、階段內分析

在比較介入設計中的交替／並行處理中，可比較兩種介入策略的成效。實施步驟是先將兩種策略介入的數據資料，分別求得平均數和標準差，再帶入公式即可得 d 值。

二、階段間比較

在其他實驗設計中，可進行階段間的比較，包括基線與處理階段間的介入效果，及介入和維持階段間的保留效果等。

三、實驗複製效果

單一個案設計的缺點之一，乃在於研究結果類化的困難。對此，常用的解決方案即為進行實驗複製（replication）。析言之，即將研究程序複製到其他不同的對象和情境。若複製可行，其結果資料的處理，可透過效果值分析，針對原始研究與複製實驗之間的成效進行比較分析（Manolov & Solanas, 2008）。

參、計算公式

一、手算法公式

效果值的計算公式繁多，下列是較為簡單的一種，只要計算出平均數和標準差，即可帶入公式，算出效果值。

$$d = (M_B - M_A) / S_A$$

公式中的 d 為效果值，M_B 和 M_A 分別為處理期和基線期依變項的平均數，S_A 則為基線期依變項的標準差。

二、網路計算機

　　計算效果值，除了上述的手算法之外，還能透過網路計算機（Effect Size Calculator）求得效果值 d（如圖 4-1），但其前提是需先算出兩個數列的平均值和標準差（註：目前 SPSS 套裝軟體雖無法直接求得 d 值，但可以經由其描述性統計量取得所需的平均數和標準差）。

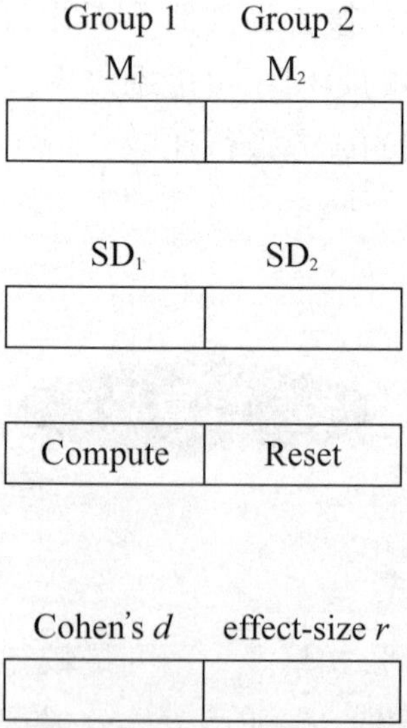

Group 1	Group 2
M_1	M_2

SD_1	SD_2

Compute	Reset

Cohen's d	effect-size r

圖 4-1　Cohen's d 效果值之網路計算公式

（取材自 http://www.uccs.edu/~faculty/lbecker/）

肆、評定標準

在效果值的解釋上，Cohen（1988）提出 d 的效果主要分成三個等級（如表 4-1）：小、中、大，其對應的 d 值分別為 0.2、0.5、0.8。換言之，依據 Cohen（1992）的標準，d 值需大於.2 時，才具實質意義，而當 $d = 0.8$ 時，已達高度效果。

表 4-1　效果量的評定標準，採用 Cohen 的 d 值

效果等級	百分等級*	Cohen'd
無效	50	0.0
低度	60	0.2
中度	70	0.5
高度	80	0.8
極度	99.9	3.0

*百分等級係指控制組中落在實驗組平均數以下所占人數的百分比

伍、研究實例

壹、實例一

在探討並比較教師導向教學模式和同儕協助學習策略應用於智能障礙學童學習單字成效之差異研究中，杜正治和辛

怡葳（2008）採用單一受試研究法中的並行處理架構，結合跨受試多探試和交替處理設計。研究樣本共三名，分別為輕度、中度及重度智能障礙學童。所得部分結果摘要如下：

一、視覺分析

(一)甲生

經隨機配對的結果，其教師導向教學法的內容為日常水果，而同儕導向教學法則與身體部位配對，剩下的一般文具是當對照組。在基線期呈現 0 水準的穩定狀態（如圖 1）。進入教學介入階段後，學習趨勢出現穩定的上升。兩種教學情境下，甲生習得所有的生詞。在學習速度方面，顯然直接教學法較為迅速，水準變化從 3.0 升至 4.0、4.0 跳到 6、6.0 升至 7.0，再從 7.0 跳到 8.0。同儕教學法的起步明顯較遲，達到最後完全學會的日期也較緩；然而其整體的效果也不差，最終仍能習得所有單字。至於維持階段，兩者之效果似乎不如預期，皆呈明顯而快速的下滑趨勢，水準分別從 8.0 降至 6.0 和 7.0。相較之下，教師導向教學之保留效果似乎略差於同儕教學策略。在對照組方面，除了基線階段表現穩定的零水準外，在介入及維持階段中，其趨向和水準皆呈現小幅度的變化，但不至於構成共變現象。

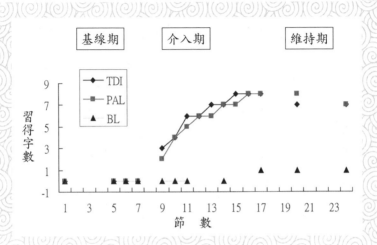

圖1 甲生在不同教學情境下習得的字數

(二)丙生

　　階段內分析（見圖3）結果顯示，基線階段的資料呈現 0 水準的穩定狀態。進入教學階段後，兩種教學型態（直接教學和同儕教學）均能導致穩定的上升趨勢；唯速度稍緩，目標也較低，平均水準分別從 0 提升至 5.8 與 6.4。在維持階段，不同的教學型態呈現不同的趨向。在直接教學法部分，其保留效果較差，呈現明顯的下滑趨勢，從最高點 7.0 的水準降到 6.0；在同儕教學部分，則保留效果尚佳，維持在 7.0 的水準。

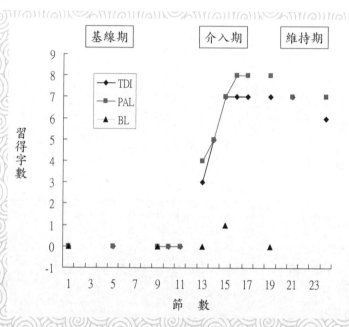

圖3　丙生在不同教學情境下習得的字數

二、效果值分析

效果值分析資料（如表13）顯示，對甲生而言，兩種教學策略的平均數和標準差分別為（6.33, 1.80）及（5.89, 1.97）。比較之下，呈現出差異的成效。然而其 Cohen 的 d 值只達 0.23，是屬於低度的水準。換言之，教師導向教學法略優於同儕協助學習法。

丙生部分，兩種教學策略的平均數和標準差分別為（5.80, 1.79）及（6.40, 1.82），比較之下，呈現出差異的成效，然而其 Cohen 的 d 值只達 0.33，亦屬低度的水準。換言之，同儕協助學習法僅略優於教師導向教學法。

表 13　甲丙兩位參與者學習表現效果值統計摘要表

S	Treat	Data	Mean	SD	Cohen's *d*
S_甲	T-A	3,4,6,6,7,7,8,8,8	6.33	1.80	0.23
	T-B	2,4,5,6,6,7,7,8,8	5.89	1.97	
S_丙	T-A	3,5,7,7,7	5.80	1.79	0.33
	T-B	4,5,7,8,8	6.40	1.82	

貳、實例二

　　在一項探討故事結構教學對增進國中聽覺障礙學生的閱讀理解之成效研究中，宋愛蓉以跨受試多探試設計，對三名參與者介入故事結構教學，其結果摘要如下：

一、視覺分析

（一）受試甲

　　受試甲在基本閱讀理解測驗得分曲線圖，如圖 4-1-1 所示。由圖 4-1-1 可知，受試甲在基線期階段第一次得分為 3 分，最後一次得分為 3 分，平均數為 3.5 分。進入處理階段第一次得分為 4 分，最後一次得分為 7 分，平均數為 6.77 分，呈現上升的狀態。維持期階段第一次得分為 7 分，最後一次得分為 7 分，平均數為 7.33 分，在維持期亦呈現上升的趨勢。

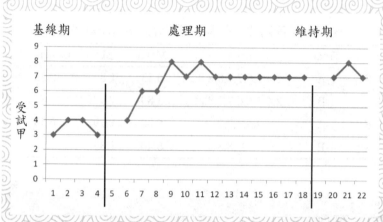

基線期　　　　　　　　處理期　　　　　　維持期

圖 4-1-1　受試甲各階段之基本閱讀理解測驗總分曲線圖

(二)受試乙

　　受試乙在基本閱讀理解測驗得分結果曲線圖，如圖
4-1-2 所示。由圖 4-1-2 可知，受試乙在基線期階段第一
次得分為 5 分，最後一次得分為 5 分，平均數為 5.40 分。
進入處理階段第一次得分為 8 分，最後一次得分為 7 分，
平均數為 6.67 分，呈現上升的狀態。維持期階段第一次
得分為 8 分，最後一次得分為 7 分，平均數為 7.33 分，
在維持期亦呈現上升的趨勢。

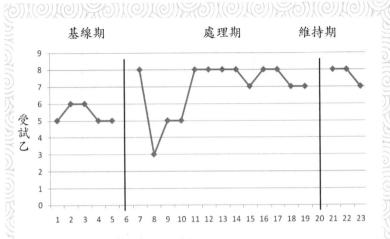

基線期　　　　　　　處理期　　　　　維持期

受試乙

圖4-1-2　受試乙各階段之基本閱讀理解測驗總分曲線圖

(三)受試丙

　　受試丙在基本閱讀理解測驗得分結果曲線圖,如圖4-1-3 所示。由圖 4-1-3 可知,受試丙在基線期階段第一次得分為 5 分,最後一次得分為 5 分,平均數為 5.83 分。進入處理階段第一次得分為 6 分,最後一次得分為 8 分,平均數為 7.6 分,呈現上升的狀態。維持期階段第一次得分為 7 分,最後一次得分為 8 分,平均數為 7.33 分,在維持期呈現下降趨勢。

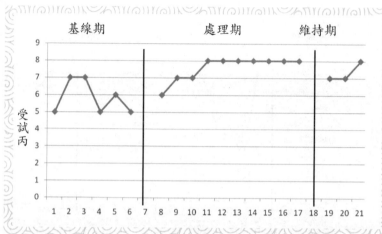

圖 4-1-3　受試丙各階段之基本閱讀理解測驗總分曲線圖

二、效果值分析

　　效果值分析資料（如表 14）顯示，對甲生而言，基線期和處理期的平均數和標準差分別為（3.50, 0.57）及（6.77, 1.16），比較之下，呈現出差異的成效。值得留意的是其 Cohen 的 d 值高達 3.50，是屬於極度效果的水準。換言之，介入的效果相當理想。

　　乙生部分，基線期和處理期的平均數和標準差分別為（5.40, 0.55）及（6.67, 1.87），比較之下，呈現出差異的成效。然而其 Cohen 的 d 值高達 0.92，屬高度的水準。換言之，處理的效果頗佳。對丙生來說，基線期和處理期的平均數和標準差分別為（5.83, 0.98）及（7.56, 0.73），比較之下，呈現出差異的成效，值得留意的是其 Cohen 的 d 值高達 2.00，是屬於高度效果的水準。換言之，介入的效果也相當理想。

表14　三位參與者學習表現效果值統計摘要表

S	A/B	Data	Mean	SD	Cohen's d
S $_{甲}$	A$_1$	3,4,4,3	3.50	0.57	3.50
	B$_1$	4,6,6,8,7,8,7,7,7,7,7,7	6.77	1.16	
S $_{乙}$	A$_1$	5,6,6,5,5	5.40	0.55	0.92
	B$_1$	8,3,5,5,8,8,8,8,7,8,8,7,7	6.67	1.87	
S $_{丙}$	A$_1$	5,7,7,5,6,5	5.83	0.98	2.00
	B$_1$	6,7,7,8,8,8,8,8,8,8	7.56	0.73	

陸、結語

　　與視覺分析相較，效果值更為細緻，不只顯示介入結果的「量」，也分析介入過程的「質」；它也是一種比較客觀而正確的資料分析。其適用的情境也相當廣泛，包含一般實驗設計的階段間以及比較介入設計的階段內分析。美國心理學會（APA, 2001）在《出版手冊第五版》中建議在人類行為相關研究中，宜將效果值的計算視為資料分析的一部分，從此效果值分析即受到普遍的重視。然而在單一受試研究法中，除了視覺分析和C統計外，文獻上甚少見到效果值分析，因此有待加強，也值得嘗試。

第四節
社會效度

壹、意義

社會效度（social validity）係指研究介入目標、過程以及結果所具備的社會意義。具體而言，研究者在介入前、介入中，以及介入後，透過資料的蒐集與分析，以評估整個實施過程是否具有一定程度的重要性和接受度（Forster & Mash, 1999）。

在方法上，主要分為下列兩種（Schlosser, 2003）：一為社會比較（social comparison）：社會比較又稱為常模比較（normative comparison），係指對個案的行為與本土或社區同儕的常模行為，進行比較，判斷在介入前與介入後，個案行為與同儕常模的差異。在實施上，較為常用的方法是採用評定量表或檢核表等。二為主觀判斷（subjective judgement），係指透過一些相關人員（特別是有意義他人）的主觀判斷，了解其對介入目標、進行過程以及研究結果的主觀看法。在實施上，通常採用調查法或訪談法。

貳、特性

一、社會效度評量的內容包括介入目標、介入程序以及介入
結果。換言之，社會效度分析的範圍涵蓋整個介入過程。

二、資料的來源主要是「有意義他人」（significant others），
即對個案有深入了解的人，可能包含家人、親友、同學
以及教師等。

三、鑑於質性和量化資料具有相輔相成之效，周延的社會效
度，其資料的蒐集宜兼顧「質」與「量」；量化資料可
經由問卷或調查等方式取得，質性資料則有賴進行個別
訪談（Forster & Mash, 1999）。

四、理想上，提供社會效度資料者並未參與研究工作，以維
持其客觀的立場。其次，使用研究工具（如調查表、問
卷表及訪談大綱等）須建立其信度與效度（Schlosser,
2003）。

參、實施步驟

一、選擇標的行為

㈠蒐集並分析行為的質性資料，包括訪談相關人員，如家
長、相關教師、同學及個案等，深入了解行為的特性，

以確定其行為的嚴重性。

㈡編選適應行為量表或其他相關行為調查表，以蒐集並分析行為的量化資料，據此以認清行為出現的頻率與強度，以評估介入的必要性。

㈢必要時，可蒐集其他相關資料，如日常評量、導師評語、親師晤談、同學反應以及教師觀察等，透過多元管道評量，以窺標的行為的全貌。

二、確定處理程序

㈠建立研究工具的效度，請學者專家及實務工作者審查相關量表內容，以建立其內在效度或專家效度。

㈡確定評量者間信度，實施介入時，除了研究者充當主觀察員外，須另請一名副觀察員提供觀察資料，以建立評量者間信度。

㈢提高處理程序的接受度，盡可能選擇干預性低的策略，在接近自然的情境中進行，同時重視研究倫理的相關議題。

三、驗證介入結果

㈠進行社會比較，以社區同儕的行為作為常模樣本，與個案標的行為進行比較，以了解彼此行為的差異。

㈡實施主觀評量，經由問卷調查及個別訪談，同時蒐集量化與質性資料，分析介入結果所代表的社會意義（Schlosser, 2003）。

㈢進行滿意度調查，針對家長、教師以及個案等，對介入

結果實施滿意度調查，使社會效度分析更臻周延。

肆、實例評析㈠

一、研究實例

　　社會效度在學術研究領域中所扮的角色，逐漸受到研究者的重視，值得肯定。有些研究者針對自己論文的需要，彈性地解讀與應用，例如，蔡淑如（2005）在一篇以心智構圖對增進國小智能障礙學生文章內容記憶之成效研究中，為了檢視實驗教學處理的結果是否有達到預期的效果，增進個體的閱讀能力，協助個體於社會環境中有良好的適應，特地進行社會效度的檢視，進而將社會效度分成目標的社會效度與效果的社會效度兩項。

　　目標的社會效度　訂定符合社會需求的行為目標，在實驗教學前與擔任受試國語科教學的普通班教師做充分的討論，並充分與該名老師溝通教學處理期的介入策略。在處理效果方面，也請該名老師在國語課或閱讀課時參與觀察。

　　效果的社會效度　檢視介入策略的實施是否有達到預期的結果，是否增進個體的生活素質；透過對級任教師意見、家長的滿意度調查與受試者焦點訪談，以了解心智構圖教學對受試者的記憶文章內容能力是否產生有意義的變化。

　　研究者又進而分成三個面向，包括級任教師意見調查、家長滿意度調查，以及受試者訪談等。

社會效度

　　本研究呈現的社會效度屬目標的社會效度與效果的社會效度。在目標的社會效度方面，三位受試者的級任教師在研究準備階段及實施過程皆參與其中，並肯定心智構圖教學的教學目標。在效果的社會效度方面，是透過對級任教師意見調查、家長的滿意度調查及受試者訪談，以了解心智構圖教學的成效。

　　以下顯示參與研究的級任教師、家長及受試者對心智構圖教學的反應：

壹、級任教師意見調查表

一、就您對心智構圖的認知，心智構圖對學習有何具體的幫助？（以下熊老師、黃老師與張老師分別是S1、S2與S3的級任教師）

　　㈠黃老師：使孩子對文章的主題了解更深刻，並藉由圖像加強其聯想能力及訓練他的專注力。

　　㈡張老師：提供符號、圖像……多元的學習刺激和視覺、聽覺及師生互動式的學習方式，能讓學習過程愉快，達到快樂學習的目的。

　　㈢熊老師：經由大量心智圖的練習，在語文記憶、想像力及邏輯思考推理上，都能有一定成效的幫助。

二、您曾看過學生心智構圖的作品嗎？您的感想如何？

　　㈠黃老師：是，看孩子在蔡老師的指導下進行心智構圖的課程，赫然發現○傑的作品內容畫得很棒，文字敘述也很不錯，與教室內上美勞課的作品內容相

較之下，確有天壤之別，令人不解。

(二)張老師：曾看過，洋溢著童心的靈活思維，兼具繪
畫的成就感與治療效果。在彼次分享中，很驚喜孩
子也頗有信心，喜歡嘗試主動求知，解決問題。

(三)熊老師：看過，顏色繽紛亮麗，從構圖脈絡上即可
判斷出學生的思緒。而且隨著時日增長，故事複雜
度的增加，圖像也相對性有條理的改變。會有一些
嘗試性的思考見解。

三、就您的了解，心智構圖對增進學生文章內容的記憶
有何成效？

(一)黃老師：我認為心智構圖在小班教學的實施成效較
大；若在大班級的教學可能效果就須多打折扣。

(二)張老師：在熱烈的興趣中學習最能激發潛能與耐性，
且能樂此不疲，創意無限。也因此能在文章的欣賞
中，展現更深刻的記憶和細膩的觀察，並精進、延
伸學習。

(三)熊老師：在學習內容的故事細節上或時間發生的先
後順序，經由學生本身能力內化後，再整理由圖畫
具象表現出來，一段時間的訓練後，思考模式的刺
激能強化學生對於文字內容的理解，進而有效達到
記憶能力的增強。

四、請您提供心智構圖教學的建議，以為將來教學的參
考。

(一)黃老師：請蔡老師利用週三進修時間實際帶領全校

老師進行「心智構圖的教學步驟演練」。讓其他人也能藉此機會學習，他日應用在日常生活及帶領學生學習時有所助益。

(二)張老師：在教育研究方面，早期在許多記憶增強的策略中，即有圖像式的聯想形式，先有豐富的記憶影像進而能抽象思考。所以個人認為，初期引導者可提供故事，但循序漸進，培養興趣後，應鼓勵大量的閱讀和分享，提升閱讀量與精神層次。

貳、家長滿意度調查表

一、就您對心智構圖的認知，心智構圖對貴子弟學習有何具體的幫助？

(一)S1 的家長：最近好一段時間，○智對於事情的聯想和推斷能力很有進步，並且充分地應用在媽媽身上。他根據我的反應判斷我的下一步，常常讓人好氣又好笑。

(二)S2 的家長：心智繪圖係目錄概念，抓住重點轉成圖像，能幫助記憶。於心智繪圖中可抓住重點，進而聯想激發潛力與創造力，對○傑注意力不集中的問題應有相當幫助。

(三)S3 的家長：心智圖對○丞很有幫助，因○丞抓不出人、事、物的重點，從我的認知，心智圖可幫助○丞在閱讀中找出人、事、物，能增進「看」題目的理解力

二、您曾聽過貴子弟轉述心智構圖的學習行為嗎？孩子

的反應如何？

㈠S1 的家長：有過幾次，可能因為每天時間都很趕，孩子沒有充分的時間轉述，但在過去的幾次當中，他對內容的描述順暢，不再天馬行空。

㈡S2 的家長：

1. 沒有聽過○傑提及，倒是蔡老師向我解釋過○傑參加心智繪圖的過程及一些成果，謝謝您！

2. 今年（1／30～3／6）利用週日，為了○傑全家參加「記憶訓練」課程，可能○傑年紀太小，加上心智未開，一副茫然，倒是對講師的風趣談吐，笑得人仰馬翻，表示他有反應及注意聽。

㈢S3 的家長：○丞說因心智構圖讓他四年級讀書輕鬆很多，因課文的了解，產生自信與學習，○丞非常高興這學期感覺改變很多。

三、就您的了解，心智構圖對增進貴子弟文章內容記憶能力有何成效？

㈠S1 的家長：最近英語、國語學習速度快，能在短時間記住並較能系統化。

㈡ S2 的家長：我相信會有幫助，所以有參加市面上「記憶訓練」，預計今年暑假會再抽空複訓一次，我真的很想從您那兒得到更多的資源及幫助，希望您能對○傑繼續此課程。

㈢S3 的家長：在數學上好像進步很多，我這學期感覺很輕鬆。閱讀也進步很多，能更完整的說出內容和

理解。

四、請您提供心智構圖教學的建議，以為將來教學的參考。

(一)S1 的家長：希望能繼續並且推廣使用這套方法。

(二)S2 的家長：在我記憶中，從沒在家中看過○傑做心智繪圖的練習。好的、有用的課程，在家中應延續在校的訓練。我相信心智繪圖應對○傑的注意力不集中會有所改善。

(三)S3 的家長：希望繼續心智構圖教學並拓展到其他領域，讓心智構圖可以成為○丞有效學習的工具。

參、受試者訪談結果

一、經過心智構圖的教學，你認為對增進文章內容的記憶有沒有幫助呢？有什麼實質上的幫助呢？

(一)S1：有幫助；句子分成一段一段地講比較聽得懂；句子裡有許多含意值得讓人學習；可以知道句子或詞的意義是什麼；把故事看著心智圖說一遍，可以更深入知道故事內容。

(二)S2：有幫助；頭腦裡有圖，可以很快地想起來和記起來。

(三)S3：有幫助；可以了解故事在說什麼。

二、在學習心智構圖時，你認為最有趣的是什麼？

(一)S1：可以用圖畫美化心智圖，使自己的心智構圖很好看。

(二)S2：可以畫出可愛的圖片；可以寫出漂亮的字；大

家可以一起說故事。

㈢S3：在畫圖時，可以自己想像畫圖；畫線條時，可以選自己喜歡的顏色。

三、在學習心智構圖時，你認為最困難的是什麼？

㈠S1：找出最重要的句子和語詞；畫分枝時會畫得很肥，不夠好看；有時想用畫圖來代替句子，卻又不太會畫。

㈡S2：沒有什麼困難。

㈢S3：描字時手會很酸；選枝幹的顏色會想很久；自己要想圖案，不知道圖案是什麼。

　　綜合以上級任教師、家長和受試者的意見，普遍表示心智構圖教學介入的結果有達到預期的效果，並對增進個體的生活素質有助益。顯示心智構圖教學對受試者文章內容的記憶產生有意義的變化。

二、研究評析

㈠能針對研究結果探討兩個面向的社會意義，包括研究的目標及研究的結果兩個層面，突破以往只針對研究結果來進行。因而能深化與擴大其社會效度的涵義，能對該研究結果提供更多的輔助資料。

㈡本研究之社會效度調查對象除了級任教師，還包括家長和研究對象，範圍更廣，也更多元，可以提供更客觀而廣泛的參照數據。

㈢本社會效度相關資料的蒐集，只進行主觀的評量而忽略
社會的比較；同時在主觀評量部分也過於偏重於質性資
料之分析，而缺乏量化資料的蒐集，亦為美中不足之處。

㈣訪談結果須加以歸納、分析與比較等整理工作，若再以
圖表資料配合文字說明，必能讓讀者一目暸然，容易抓
到重點。此外，若僅呈現原始資料，有關社會效度的討
論似乎宜移至附錄。

伍、實例評析㈡

一、研究實例

　　在一篇有關社交技巧訓練課程對國中啟智班學生的兩性
互動行為之影響研究中，伍曉珍（2004）採用跨受試多探試
設計，以 ACCEPTS 社會技巧訓練課程為自變項，對三名受
試者進行有系統而依序的介入不同的技巧教學。依變項為實
施 ACCEPTS 社交技巧訓練課程之後，兩性互動關係欠佳的
學生在與人相處與交朋友兩大技巧行為的表現，以了解研究
對象經過實驗處理後的教學成效。

　　主要經研究者自編 ACCEPTS 社會技巧進步行為評量表
（教師版與家長版）蒐集教師與受試者家長資料，並根據評
量表進行晤談，俾獲得教師與家長對受試 ACCEPTS 社會技
巧表現之進步行為，用以驗證本研究之社會效度。教師係指
受試的五名啟智班教師（以下簡稱T1，T2，T3，T4，T5）；

家長係受試之家長（G1-甲家長、G2-甲家長與G3-甲家長）。

　　ACCEPTS社會技巧進步行為評量表（教師版與家長版）均分為兩大部分。第一部分是針對 ACCEPTS 社會技巧教學模式所進行與人相處、交朋友兩階段教學內容，分別為15與12個技巧特徵進行評量，即ACCEPTS社會技巧觀察表中27個技巧觀察項。採五點式量表，最高為4，最低為0，結果採評定等級的方式進行，4代表進步很多；3代表中等進步；2代表稍微進步；1代表學生雖會表現該技巧，但仍需要提醒；0 代表未改變。第二部分則是開放式問句填答，教師版共五題，包括教師所觀察到受試在研究過程中及研究結束後的社會技巧表現、受試在參與教學活動中的反應、受試出現正向或負向行為行為，以及其他建議。家長版亦為開放式問句填答四題，內容與教師版相同。

　　表 4-2-1 與 4-2-2 呈現教師與家長對三位受試之與人相處技巧及交朋友技巧進步行為評量結果之資料分析。

　　以下分別就 ACCEPTS 教學模式所介入之與人相處技巧及交朋友技巧之進步行為，以及其他影響（教師與家長開放式問句填答結果及晤談資料蒐集）資料進行：(1)縱向受試表現個別分析；以及(2)橫向教學內容分析。

壹、縱向受試表現個別分析

一、受試 G1-甲

　　由表 4-2-1 可以看出 G1-甲的與人相處技巧，經教師評比平均為 2.52，認為受試整體技巧稍微進步。當中以會說出有禮貌的語詞「請、謝謝、對不起」（1-1）、會

辨別要求反應請、謝謝、對不起的情境（1-2）、會在適當的情境下說出適當有禮貌的語詞（1-3）及給予需要幫忙的情境，能說出／指出適當的解決方法（4-1）等項，評分均在 3.00 之上，達到中等的進步行為，在會辨別要求反應請、謝謝、對不起的情境（1-2），此項得分為4.00，顯示教師認為進步很多；然在願意將自己的東西借給別人使用（2-3）、會照順序進行活動到結束（3-2）、主動幫助需要協助的他人（4-3）及接觸他人身體時不會太久或太重（5-1）等四項表現較不成熟，得分在 2.00 以下，介入前後未有明顯進步。

表 4-2-1　教師與家長對與人相處技巧進步行為評量結果之資料分析

	受試 G1-甲		受試 G2-甲		受試 G3-甲	
	*教師評	家長評	教師評	家長評	教師評	家長評
使用有禮貌的語詞的平均**	3.67	2.67	3.80	3.00	3.33	2.67
1-1 會說出有禮貌的語詞「請、謝謝、對不起」	3.60	2.00	3.60	2.00	3.40	2.00
1-2 會辨別要求反應請、謝謝、對不起的情境	4.00	4.00	4.00	4.00	3.60	4.00
1-3 會在適當的情境下說出適當有禮貌的語詞	3.40	2.00	3.80	3.00	3.00	2.00
與他人共享喜歡的事物的平均**	2.00	2.67	3.60	3.67	3.20	3.67
2-1 會在別人提示下與他人共用自己喜歡的事物	2.60	3.00	3.40	4.00	2.80	3.00

2-2 會分享他人的喜悅或喜歡的事物	2.00	3.00	3.40	3.00	2.80	4.00
2-3 願意將自己的東西借給別人使用	1.40	2.00	4.00	4.00	4.00	4.00
遵守活動規則的平均**	2.27	2.00	2.93	2.67	3.60	3.33
3-1 能說出遵守活動規則的重要性為何	2.80	2.00	3.40	3.00	3.60	3.00
3-2 會照順序進行活動到結束	1.60	2.00	2.20	2.00	3.80	4.00
3-3 活動輪時不會發脾氣罵不公平	2.40	2.00	3.20	3.00	3.40	3.00
幫助別人的平均**	2.33	2.00	3.67	3.33	2.07	1.00
4-1 給予需要幫忙的情境,能說出/指出適當的解決方法	3.00	2.00	4.00	3.00	2.20	1.00
4-2 看到別人需要幫忙時,會先詢問是否需要幫忙	2.20	2.00	3.20	3.00	2.40	1.00
4-3 主動幫助需要協助的他人	1.80	2.00	3.80	4.00	1.60	1.00
用適宜的方式接觸他人的身體的平均**	2.33	2.00	2.13	1.67	2.45	2.67
5-1 接觸他人身體時不會太久或太重	1.80	1.00	2.60	2.00	2.40	3.00
5-2 會用適當的接觸方式來表達對他人的關心	2.40	2.00	1.60	2.00	2.60	3.00
5-3 需要別人注意時會適當的接觸他人	2.80	3.00	2.20	1.00	2.40	2.00
受試平均表現得分	2.52	2.27	3.22	2.87	2.93	2.67

*教師評係指五位啟智班老師之平均數
**本表各項目之平均分數

表4-2-2　教師與家長對交朋友技巧進步行為評量結果之資料分析

	受試 G1-甲		受試 G2-甲		受試 G3-甲	
	*教師評	家長評	教師評	家長評	教師評	家長評
維持良好的服裝儀容的平均**	2.80	2.33	2.33	3.00	3.13	2.67
1-1 會說出儀容及服裝對人際互動的影響	3.80	3.00	3.20	4.00	3.60	3.00
1-2 他人提醒下會修飾自己的服裝儀容	2.80	3.00	2.60	3.00	3.60	3.00
1-3 會主動注意並修飾自己的服裝儀容	1.80	1.00	2.20	2.00	2.20	2.00
面帶微笑的平均**	3.00	3.33	3.27	3.00	2.93	2.67
2-1 會說出微笑對人際互動所代表的意思	3.20	3.00	3.60	3.00	3.20	3.00
2-2 面對自己喜歡的朋友會以微笑表示	3.20	4.00	3.40	3.00	2.20	2.00
2-3 與朋友相處得很開心時，會面帶微笑	2.60	3.00	2.80	3.00	3.20	3.00
適當稱讚他人的平均**	3.00	2.67	3.00	3.00	2.00	1.67
3-1 別人稱讚時會說謝謝或微笑表示	3.20	3.00	2.80	3.00	2.40	2.00
3-2 會在別人提示下稱讚別人	3.20	3.00	3.40	3.00	2.40	2.00
3-3 會主動用適當的話稱讚別人	2.60	2.00	2.80	3.00	1.20	1.00
適當交友的方式的平均**	2.27	2.33	3.33	3.33	1.93	1.33
4-1 會找喜歡的人開始適當的話題	1.80	2.00	3.40	4.00	1.60	1.00
4-2 談話時會輪流話題	2.60	3.00	3.40	3.00	1.60	1.00
4-3 會邀請對方參與共同喜歡的活動	2.40	2.00	3.20	3.00	2.60	2.00
受試平均表現得分	2.77	2.67	2.98	3.00	2.50	2.09

*教師評係指五位啟智班老師之平均數
**本表各項目之平均分數

與人相處技能家長評比平均為 2.27，亦認為受試整體技巧稍微進步，其中以會辨別要求反應請、謝謝、對不起的情境（1-2）、會在別人提示下與他人共用自己喜歡的事物（2-1）、會分享他人的喜悅或喜歡的事物（2-2）及需要別人注意時會適當的接觸他人（5-3）等項，評分均在 3.00 以上，達到中等的進步情境，在會辨別要求反應請、謝謝、對不起的情境（1-2）此項得分更高達 4.00，顯示家長認為此項進步很多；家長評比僅在接觸他人身體時不會太久或太重（5-1）表現較不純熟，得分在 2.00 以下，顯示介入前後未有明顯改變。

　　在交朋友技巧方面，由表 4-2-2 得知教師評比平均為 2.77，認為受試有較趨向中等進步，其中在會說出儀容及服裝對人際互動的影響（1-1）、會說出微笑對人際互動所代表的意思（2-1）、面對自己喜歡的朋友會以微笑表示（2-2）、別人稱讚時會說謝謝或微笑表示（3-1）及會在別人提示下稱讚別人（3-2）等五項表現得分在 3.00 以上，可以達到中等進步行為；其次，教師認為受試在會主動注意並修飾自己的服裝儀容（1-3）及會找喜歡的人開始適當的話題（4-1）等兩項表現得分未達 2.00，仍未出現進步行為。

　　交朋友技巧技能家長評比平均為 2.67，認為受試稍微進步，當中以會說出儀容及服裝對人際互動的影響（1-1）、他人提醒下會修飾自己的服裝儀容（1-2）、會說出微笑對人際互動所代表的意思（2-1）、面對自己喜

歡的朋友會以微笑表示（2-2）、與朋友相處得很開心時，會面帶笑容（2-3）、別人稱讚時會說謝謝或微笑表示（3-1）及會在別人提示下稱讚別人（3-2）、談話時會輪流話題（4-2）等八項表現得分在3.00以上，可以達到中等進步的行為，而且在面對自己喜歡的朋友會以微笑表示（2-2）表現得分更達4.00之進步很多的表現；交朋友技巧得分未達2.00者僅一項會主動注意並修飾自己的服裝儀容（1-3），顯示此項在介入前後未有顯著的改變。

　　由表4-2-1及4-2-2中，綜合分析受試 G1-甲與朋友相處、交朋友技巧表現，教師評比平均分數分別是2.52、2.77；家長評比平均分數為2.27、2.33，顯示教師與家長均認為ACCEPTS教學模式介入後受試社會技巧有進步，其中教師評定進步行為又略高於家長。進一步分析師開放式問句填答結果，可知受接受 ACCEPTS 教學模式後的改變行為。

㈠與人相處技巧向度

　　部分教師表示受試在研究後，與同儕互動的主動行為提高，禮貌性的口語表達增加，主動找人聊天、活動的頻率逐漸增多，只是與同儕情感性的互動較少。

　　研究期間較為主動，常會面帶微笑向老師打招呼。研究結束後，主動的態度減緩，採以被動方式，常以旁觀者的角色參與，對於以往容易出現的下床氣，似乎不多見了（T3）。

(二)交朋友技巧向度

　　大部分教師表示受試與異性相處表現正向的態度及行為增加，並能為異性所接納，偶爾仍出現操之過及適得其反的效果。

　　研究期間，發現女同學跟他閒聊的次數及時間都有增多的行為，對於以往排斥他的同學也偶爾能攀上幾句，有時受試會興奮過度較無法控制自己激昂的情緒呢（T3）。

(三)其他進步的行為

　　有些教師表示受試主動參與課內活動的行為提高，對於教師的批評也較能接納不會發脾氣。

　　以往上課時，受試常心不在焉，偶爾會去捉弄鄰座的同學，或者對著距離兩三個位置遠的同學無緣由的對笑，老師的指責當作耳邊風，有時不高興，還會牽怒旁邊的同學。研究期間，受試主動參與討論的行為提高很多，對於老師的責罵，雖偶爾心裡不爽快，不至於發脾氣，有時還會一笑置之呀，研究結束後，上課也至少不會去捉弄同學了，這一點是進步很多（T4）。

二、受試G2-甲

　　在與人相處技能方面，由表4-2-1得知教師評比平均得分為3.22，認為受試有中等的進步，而其中會說出有禮貌的語詞「請、謝謝、對不起」（1-1）、會辨別要求反應請、謝謝、對不起的情境（1-2）、會在適當的情境下說出適當有禮貌的語詞（1-3）、會在別人提示下與他

人共用自己喜歡的事物（2-1）、會分享他人的喜悅或喜歡的事物（2-2）、願意將自己的東西借給別人使用（2-3）、能說出遵守活動規則的重要性為何（3-1）、會照順序進行活動到結束（3-2）、給予需要幫忙的情境，能說出／指出適當的解決方法（4-1）、看到別人需要幫忙時，會先詢問是否需要幫忙（4-2）及主動幫助需要協助的他人（4-3）等十一項表現得分皆達 3.00 以上，顯示受試都能達到中等進步的行為表現，尤其在會辨別要求反應請、謝謝、對不起的情境（1-2）、願意將自己的東西借給別人使用（2-3）及能說出遵守活動規則的重要性為何（3-1）等三項得分為 4.00，顯示教師認為受試進步很多；受試在教師評比方面僅在會用適當的接觸方式來表達對他人的關心得分在 2.00 以下，教師認為此項並無明顯的進步。

與人相處技巧在家長評比平均得分為 2.87，認為受試表現為中等進步，其中在會辨別要求反應請、謝謝、對不起的情境（1-2）、會在適當的情境下說出適當有禮貌的語詞（1-3）、會在別人提示下與他人共用自己喜歡的事物（2-1）、會分享他人的喜悅或喜歡的事物（2-2）、願意將自己的東西借給別人使用（2-3）、能說出遵守活動規則的重要性為何（3-1）、活動輪時不會發脾氣罵不公平（3-3）、給予需要幫忙的情境，能說出／指出適當的解決方法（4-1）、看到別人需要幫忙時，會先詢問是否需要幫忙（4-2）及主動幫助需要協助的他人

（4-3）等十項表現得分皆達 3.00 以上，認為受試在此十項表現中等進步，尤其在會辨別要求反應請、謝謝、對不起的情境（1-2）、會在別人提示下與他人共用自己喜歡的事物（2-1）、願意將自己的東西借給別人使用（2-3）及主動幫助需要協助的他人（4-3）都高達 4.00，更顯示此四項的表現進步很多；當中只有一項即需要別人注意時會適當的接觸他人（5-3）得分在 2.00 以下，家長認為此項並無明顯的改變。

　　在交朋友技巧方面，由表 4-2-2 得知教師評比平均為 2.98，認為交朋友技巧表現幾乎達到中等進步，十二個檢核項中，在會說出儀容及服裝對人際互動的影響（1-1）、會說出微笑對人際互動所代表的意思（2-1）、面對自己喜歡的朋友會以微笑表示（2-2）、會在別人提示下稱讚別人（3-2）、會找喜歡的人開始適當的話題（4-1）、談話時會輪流話題（4-2）、會邀請對方參與共同喜歡的活動（4-3）等七個表現分數在 3.00 以上，認為受試表現中等進步，而且在此技巧下每個檢核項皆有進步表現。

　　家長在交朋友技巧評比平均為 3.00，認為受試表現中等進步，而且十二個檢核項當中，只有在會主動注意並修飾自己的服裝儀容得分為 2.0，未有顯著進步，其餘項目皆達 3.00，尤其在會說出儀容及服裝對人際互動的影響（1-1）及會找喜歡的人開始適當的話題（4-1）兩項得分更達 4.00，認為此兩項表現進步很多。

　　由表 4-2-1 及 4-2-2 中，綜合分析受試 G2-甲與朋友相處、交朋友技巧表現，教師評比平均分數分別是 3.22、2.98；家長評比平均分數為 2.87、3.00，顯示教師與家長均認為 ACCEPTS 教學模式介入後受試社會技巧有進步。進一步分析師開放式問句填答結果，可知受接受 ACCEPTS 教學模式後的改變行為。

㈠與人相處技巧向度

　　小團體主動參與，也是班上的靈魂人物，唯大團體的活動較顯退縮。

　　受試原本個性就比較外向活潑，但是自信不夠。研究期間，對於大團體的活動或與普通班的互動，由被動轉為希望老師的帶領進入團體生活，而後嘗試帶著同學去參與學校大團體的活動，因為有著老師的陪伴，受試慢慢會敞開心胸去參與活動。研究結束後，仍需老師的鼓勵及輔導，但融入學校大團體的渴望不減反增（T2）。

㈡交朋友技巧向度

　　自己主動認識新的朋友，尤其普通班的同學，唯維持友誼的時間不久。

　　受試在研究期間，受到老師的鼓勵及作業使然，會主動去認識普通班的同學，並開始有意義的對話，如交換話題、互邀參與學校活動，只是每個同學維持連絡的次數皆不超過三次以上，也許是啟智班的教學環境較孤立，與普通班互動的頻率是微乎其微。再來，也可能是普通班對啟智班的同學僅是好奇之心，要繼續進一步的

友誼可能需要更多時間觀察了（T2）。

貳、橫向的教學內容評析

一、與人相處技巧進步行為

由表 4-2-1 看出經由 ACCEPTS 教學模式介入後，教師們認為三位受試者在整體技巧表現上均有進步的行為，在使用有禮貌的語詞（1-1，1-2，1-3）之三項評定分數為 3.00 以上，肯定受試者都有中等以上的進步；針對與他人分享喜歡的事物（2-2，2-3）、會照順序進行活動到結束（3-2）、用適宜的方式接觸他人的身體（5-1，5-2）等五項各有一位受試未有進步；在主動幫助需要協助的他（4-3）等一項有二位受試得分在 2.00 以下，顯示部分受試仍需進一步的學習。

其次，分析三位受試家長對教學內容評比的行為，在會辨別要求反應請、謝謝、對不起的情境（1-2）、與他人共享喜歡的事物（2-1，2-2）等三項表現，認為有中等以上的進步；尤其肯定在會辨別要求反應請、謝謝、對不起（1-2）、會在別人提示下與他人共用自己喜歡的事物（2-1）、會分享他人的喜悅或喜歡的事物（2-2）等三項表現都有中等以上的進步。不過在幫助別人（4-1、4-2、4-3）、用適宜的方式接觸他人的身體（5-1、5-2），均各有一位受試未見有任何改變，仍需加以學習，其餘則認為有進步。

整體而言，教師與家長均一致認為三位受試在與人相處技巧整體學習成果表現呈現進步。

二、交朋友技巧進步行為

　　由表 4-2-2 中可以看出，教師認為三位受試大都呈現進步行為，尤其在會說出儀容及服裝對人際互動的影響（1-1）及會說出微笑對人際互動所代表的意思（2-1）等兩個觀察項，三者均有中等以上的進步；然而，在會找喜歡的人開始適當的話題（4-1）有兩位受試未見任何改變，另外，在會主動注意並修飾自己的服裝儀容（1-3）、與朋友相處得很開心時，會面帶微笑（3-3）及談話時會輪流話題（4-2）等三個觀察項各有一位受試，顯示教師並未觀察到受試有進步，學習效果最差。

　　在家長評比方面，與教師評比結果差異不大，肯定三位受試均有進步，而且在維持良好的服裝儀容（1-1、1-2）、面帶微笑（2-1、2-3）等四個觀察項，更認同三位受試有中等以上的進步；只是在會主動注意並修飾自己的服裝儀容（1-3）、會主動用適當的話稱讚別人（3-3）、適當交朋友的方式（4-1、4-2）等四個觀察項各有一位受試顯示仍未學習到該正確的行為。

　　總括而言，經由橫向分析教學內涵及縱向分析受試個別表現發現，ACCEPTS 教學模式介入後，教師與家長均認為與人相處技巧及交朋友技巧都稍有進步，而且在教師與家長評比下，G1-甲在與人相處技巧表現優於交朋友技巧，G2-甲則都趨於中等進步，是三位受試中表現最穩定且最好，G3-甲則是交朋友技巧表現優於與人相處技巧之表現。教師與家長在與人相處技巧及交朋友技巧之評

比差異不大，顯示三位受試在 ACCEPTS 教學模式之社
會技巧的學習呈現穩定的現象。

二、論文評析

　㈠本社會效度相當周延，在資料的蒐集和分析方法上，採
　　質與量並重的原則，除了訪談資料，也有調查結果，兩
　　者確能達到相輔相成的作用。

　㈡評量的內容包含兩個向度，一為縱向的受試表現，二為
　　橫向的教學內容。不僅針對個人行為改變的結果，還涵
　　蓋行為改變的過程。

　㈢調查的對象眾多，資料來源異常多元化，共包括五名啟
　　智班教師及三名受試學生家長。

　㈣為便於閱讀及比較，不僅量化資料可製表，質性資料也
　　宜歸納並整理成資料表。

　㈤有關訪談的原始資料，與問卷調查表一樣，似乎可置附
　　錄，文中只歸納及整理重點即可。

第五章

倒返設計

重要概念

一、撤回設計（Withdrawal Designs）

撤回設計指含有基線和介入穿插進行的實驗設計，藉由介入策略的撤回，再觀察行為的相對變化，深入了解並分析介入策略所扮演的角色，以及所發揮的功能。常見的撤回設計包括 A-B-A、B-A-B，及 A-B-A-B 等類型。

二、倒返設計（Reversal Designs）

倒返設計意指一種涉及介入變項的倒置與互換之實驗設計，常見的倒返設計類型如 A-B-A'-B。於 A-B-A'-B 模式中，在 A 階段同時觀察兩種不相容的行為，接著在 B_1 介入其中第一種行為，之後於 A' 階段介入第二種行為，最後在 B_2 階段再次介入第一種行為。

值得一提的，由於倒返設計在結構上較為複雜，實施上難度也高，因而文獻上較為少見；反之，撤回設計較受研究者的歡迎，能見度較高，然而在名稱上卻標榜為倒返設計。換言之，現在文獻上呈現的所謂「倒返設計」實則多屬撤回設計；而且已成為一種趨勢，研究者不可不察。本書也以倒返設計泛指撤回設計與真正的倒返設計。

三、多處理設計（Multiple Treatment Designs）

多處理設計意指在倒返設計的架構中，安排若干「基線－介入」的組合，藉由多次的介入活動，找出效果較佳的介入策略，一點一滴地去改變標的行為，直達預定的目標。

四、倒返設計之變型

任何實驗設計皆允許一定程度的改變或調整，倒返設計模式也不例外中，因此只要合乎倒返設計的結構，又能達到倒返設計的功能，都稱為倒返設計的變型，常見的變型設計包括 A-B-A-B' 以及 A-B-A-C-A-D-A

五、反治療趨向（Anti-Therapeutic Trends）

反治療趨向意指與治療／介入目標相反的方向，因此，若介入目標在於降低其偏差行為的頻率，則當資料點呈現下降趨勢時，即為治療趨向；反之，當資料點呈現上升趨勢時，則為反治療趨向。

第一節

A-B-A 設計

壹、前言

　　一般課程教學或行為輔導往往只進行兩個階段（即 A-B），其間安排三個活動，即實施前測、接著介入，最後進行後測。此種模式看似完整，然從研究的觀點，其實不具備任何研究價值。原因在於，即使進行前／後測的比較，顯示了兩者之間的差異，但研究者無法明確地說明造成差異的原因。主觀上，研究者也許會認定是介入所造成。但實際上，除了介入外，可能還存在其他諸多混淆變項，或多或少也衝擊著研究結果。

　　針對上述的難題，倒返設計提供了一些參考答案。至少透過倒返階段的機制，排除一些潛在的混淆變項，從而展現了一定程度的實驗控制。

貳、主要特性

一、適用情境

㈠本設計（A-B-A）安排一次倒返活動（如圖 5-1 所示），
適用於行為輔導或臨床矯治的個案，特別是行為的改變
關鍵在於動機、意願或態度等特質。換句話說，研究對
象之所以無法表現適當行為，並非出自「不能」而是「不
為」。

㈡相反地，對於教學或訓練方面的課程，由於涉及能力與
技巧因素，不易倒返，因而並不適用。

二、內在效度

㈠本設計的內在效度絕對優於 A-B 設計，只因後者並未安
排倒返的活動，因而在實驗階段 B 所產生的行為變化，
無法歸因。相反地，在 A-B-A 設計中，研究者可從 A_2 倒

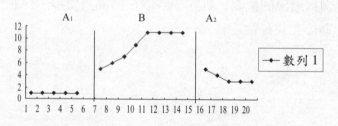

圖 5-1　A-B-A 基本模式

返階段中觀察行為的倒返程度，以決定介入效果的成因，從而界定其內在效度。

㈡然而，由於在倒返階段之後，即完全結束實驗工作，並未安排第二次介入活動，因而介入效果並未獲得複製的機會，多少對介入效果也打了些折扣。

三、研究倫理

㈠所有倒返階段的安排，旨在反向操弄行為，期望行為的頻率或強度能回歸至原點。此種刻意的操弄行為，雖然對研究本身有其必要性，但對個人而言，恐有違其基本人權和利益，或損及人性尊嚴，因而引發研究倫理的議題。

㈡為避免落人以「為研究而研究」之口實，在倒返階段中，時間宜盡量縮短，只要呈現倒返現象，即進入下一階段。

參、實施步驟

一、事先慎選標的行為，須合乎「可觀察」、「可量化」的特質。其次以行為術語進行操作性的界定。

二、在基線階段A₁，進行介入前的資料蒐集，至少進行三天／節，待其資料點呈現穩定狀態或反治療趨向（anti-thera-peutic trends）時，準備進入下一階段。

三、在介入階段 B，研究者一面操弄自變項，一面觀察受試者的行為變化並進行記錄、繪圖；俟其資料點呈現穩定

狀態，或已達預定的反應水準時，準備進入下一階段。

四、在倒返階段 A_2，將自變項自實驗情境中撤出，回到基線階段，並觀察及記錄行為反應，待其資料點呈現穩定狀態，即停止實驗。

肆、優／缺點

一、優點

㈠安排一次倒返階段，可以有效地解讀一些造成行為變化的因素，從而建立實驗的內在效度。

㈡實驗設計簡單易行，能在最短的時間內完成實驗工作，不管是人力、物力和時間上，均較為經濟可行。

㈢在人格、情緒、行為、態度及興趣等方面的輔導，提供了一種適用的實驗模式。

二、缺點

㈠由於本身即為倒返設計的一種，因而嚴格地限制了其適用對象及情境。

㈡實驗工作在倒返階段結束，多少有些缺憾，對受試者更是不公，給人「為研究而研究」的口實，乃為美中之不足。

㈢嚴格地說，也由於本設計並未安排第二次介入活動，缺乏介入效果的複製現象，因而內在效度依然有限。

伍、實例與評析

一、研究實例

　　在一篇探討對自閉症學生的問題行為成效研究中，陳郁菁與鈕文英（2004）運用行為支持計畫中的功能評量。研究對象為一名國中二年級重度自閉症男生；自變項為行為支持計畫，包括前事操縱、行為訓練、後果控制策略，以及危機處理計畫等；依變項則為個案干擾行為及正向行為的表現次數。

研究設計

　　本研究採用單一受試研究法（single-subject research designs）之撤回設計（withdrawal design）。由於本研究個案只有一位，且為了比較行為支持計畫實施前後的差異，故採用適合於研究少量樣本的單一受試研究法，並在各種研究設計類型中，選擇撤回設計，此設計過程為：先蒐集基線資料，接著在處理期引進行為支持計畫；當處理結果達到預定目標後，撤除部分行為支持計畫，以檢視介入效果的維持效果。

行為支持計畫的實施過程

(一)基線期

　　基線期於第二學期開學後即開始實施，為期四週，

有效紀錄天數共十六天。此期間不給予特殊處理，僅由各科教師進行觀察記錄。

（二）處理期

實施基線期四週後，於第五週進入處理期，開始實施行為支持計畫。處理期共進行九週，有效紀錄天數共三十二天。

此階段開始介入行為支持計畫中的各項策略，研究者已於介入前一週分別向各科教師說明和討論計畫實施的方式和細節，但計畫進行的第一天的第一節課是由研究者對個案和同儕說明計畫實施的內容和方式，包含：行為契約書的內容和意義，以及行為表現記錄卡的使用方式，並利用轉交記錄卡之機會，教導個案如何表現「先舉手叫老師，並等待老師回應後才能表達需求」的正向行為，除了請同儕協助示範外，也多次隨機教導個案正向行為的表現方式並反覆練習。之後的課程，各科教師開始施行各項處理策略，並請他們於剛開始實施的階段，多給予個案提示及練習正向行為之機會，若出現干擾行為則以正向言語重新指示之，盡量避免忽略或斥責，以增加個案習得正向行為的機會。

研究者於此期間隨時訪談教師策略實施情形及個案行為變化情形，並視教師上課需求或個案行為表現進行細部調整；另外，也選擇部分比例的課程進行行為支持計畫實施情形之檢核，由教師和觀察者分別填寫「行為支持計畫檢核表」，以檢核教師策略實施的一致性。

處理期各科教師持續進行干擾行為出現次數之紀錄，另外，增加正向行為出現次數之記錄，正向行為之界定為：個案必須能夠同時做到「先舉手叫名以引起教師注意」以及「等待教師回應後才能表達需求」兩項要求，才能算表現出正向行為。

(三)維持期

　　處理期進行至第九週，個案的行為表現在最後二至三週已呈現穩定的狀態，且適逢第二次月考結束，故進入維持期。維持期進行兩週，共十天，個案行為仍持續表現穩定，故結束行為支持計畫。

　　此階段是撤回行為支持計畫中不屬於自然情境中該有的成分，即在行為記錄卡上記優點，以及一天的代幣增強，和一週的食物或活動增強。首先，為使行為支持計畫達到最符合自然情境的狀態，將記錄卡轉換為全班同學每天皆使用的聯絡簿，聯絡簿上同樣有記錄每節課表現情形之表格，個案於每節剛上課和下課後皆須用適當的表達方式轉交給教師及拿回，與記錄卡的實施方式相似。

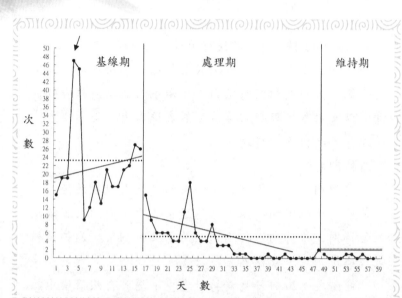

註：……：平均水準；——：趨勢線；➡：介入危機處理策略

圖六　個案干擾行為出現次數圖

個案干擾行為出現次數之分析摘要表

	階段	基線期	處理期	維持期
階段內變化	評量天數	16	32	10
	趨勢	／（－）	＼（＋）	——（＝）
	趨勢穩定度（%）	38	78	0
	平均水準	21.8	3.6	0.4
	水準範圍	15～26	13～2	1～0
	水準變化	38	18	1
	水準穩定度（%）	19	25	0
階段間變化	趨勢變化效果	處理期／基線期（正向）		維持期／處理期（正向）
	水準間變化	11		1
	平均水準的變化	18.2		3.2
	重疊百分比（%）	13		100
	C值（Z）	0.77**（5.46）		0.74**（4.94）

註：**p<.01

二、研究評析

㈠介入效果很好，個案干擾行為次數明顯降低，且基線期和處理期的 C 值達顯著水準。

㈡曲線圖繪製清晰，刻度大小訂定適宜，有助於進行視覺分析。

㈢資料分析正確，不論是階段內抑或階段間之視覺分析結果，皆能呈現正確無誤的數據。

㈣研究對象只有一名，一方面過於冒險，因為萬一受試流失，或其他因素皆恐將衝擊研究進度；二方面也缺外在效度，研究結果只能解讀單一個案的行為，無法擴及其他同儕，從而減低其學術參考價值。

㈤在階段間分析中，有關處理期與維持期的 C 值達顯著水準，表示兩個實驗階段在資料的水準及趨向上有顯著的差異，意謂維持效果不佳。

㈥基線階段時間過長，且資料水準起伏頗大，極端不穩定，暗示著一些混淆變項的存在及產生一定程度的作用。

㈦介入後略呈週期性變化，表示實驗控制出現漏洞，可能存在一些干擾變項，衝擊著實驗結果。

㈧根本問題在於內在效度的缺乏，而此問題則源於實驗設計的選擇：一則 A-B-A 本身內在效度有限，應極力避免採用；二則研究者安排了倒返階段（即 A_2），但行為並未出現倒返的結果，意謂實驗控制上的不足，致使 A-B-A 設計實質上已變成 A-B 設計。若此，針對個案行為的變化更無法提出嚴謹的解釋，從而危及所剩不易建立的

內在效度。

陸、結論

　　本設計乃是倒返設計中最為簡單易行的設計模式，可作為研究者的選擇與參考。然而基於其先天上的不足，無法提供令人滿意的內在效度，因而研究者在其他條件的配合下，宜優先考慮其他內在效度較佳的實驗設計。

　　值得一提的，A-B-A 設計截然不同於 A-B-C 設計，目前發現若干研究論文係以實驗教學為主軸，但採用 A-B-C 設計，並標榜為倒返設計。推究其因，原來研究者在 C 階段中並未安排第二種介入策略，只倒返第一種介入並觀察其維持或保留效果。因而研究者犯了兩項錯誤：其一為該實驗設計不是 A-B-C 而是 A-B-A；其二為該實驗不宜採用倒返設計，主因是介入的結果無法倒返，因此若執意為之，必然導致內在效度的缺乏，而宣告研究失敗。

　　研究倫理乃是研究者不可或缺的專業素養之一，若在時間的允許之下，盡可能於介入階段後才結束整個實驗工作，以減低研究倫理上可能的爭議。

第二節
A-B-A-B 設計

壹、前言

　　上節所述之 A-B-A 設計，雖然有其簡單易行與展現實驗控制的優點，然其缺點也不少，特別是內在效度的缺乏，實為美中不足。A-B-A-B 乃是針對此缺失而改良的設計模式，一方面因介入結果的複製而能展現其內在效度，二方面則在介入階段後才結束整個實驗工作，因而避免一些潛在的研究倫理問題。故研究者若能棄 A-B-A 而就 A-B-A-B 設計，乃為明智之舉。

貳、主要特性

一、適用情境

　㈠本研究設計中（A-B-A-B）安排一次倒返活動（如圖 5-2 所示），適用於行為輔導或臨床矯治的個案，特別是行為的改變關鍵在於動機、意願或態度等特質。換言之，

研究對象之所以無法表現適當行為，並非出自「不能」
而是「不為」。

㈡相反地，對於教學或訓練方面的課程，由於涉及能力與
技巧因素，不易倒返，因而並不適用。

二、內在效度

㈠本設計是一種型態上較為完整的倒返設計，其中除了初
始的基線階段外，安排一次倒返、兩次介入（如圖5-2）。

㈡結束時是在第二次介入後，因而案主的行為已有了改變，
較能合乎案主及其家長的期許。

㈢一般所擔心的研究倫理爭議，因為是倒返設計，在所難
免，但因能滿足學生及家長的需求，故能減到最低。

㈣「基線－介入」出現兩個循環，意即呈現介入效果的複
製現象，更加肯定所涉及的內在效度，事實上其內在效
度優於 A-B-A 設計。

三、研究倫理

㈠所有倒返階段的安排，旨在反向操弄行為，期望行為的
頻率或強度能回歸至原點。此種刻意的操弄行為，雖然
對研究本身有其必要性，但對個人而言，恐有違其基本
人權和利益，或損及人性尊嚴，因而引發研究倫理的議
題。

㈡實驗結構與 A-B-A 設計不同，係於第二次介入後才結束
整個實驗工作；換言之，案主的行為已有了改變，因此
較能合乎當事人及其家長的期許，或多或少可降低研究

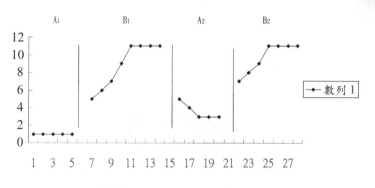

圖 5-2　A-B-A-B 設計基本模式

倫理的爭議性。

參、實施步驟

一、慎選標的行為，須合乎「可觀察」、「可量化」的特質。
　　其次，以行為術語對標的行為進行操作性的界定。

二、接著進行基線階段（A_1）的資料蒐集，至少連續三天／
　　節。在介入前的情境中，觀察並記錄標的行為的變化。

三、觀察一段時日後，待其資料呈現穩定狀態或反治療趨向
　　時，第一次引進介入策略（B_1）。

四、介入一段時日後，俟其資料呈現明顯變化，並漸趨穩定
　　或呈反治療趨向時，進入倒返階段（A_2）。

五、若 A_2 的資料出現明顯的倒返現象並呈穩定狀態，則可再
　　次引進介入策略（B_2）。值得一提的，倒返階段（A_2）

不宜過長,否則容易引發研究倫理的爭議。

六、當 B_2 的行為反應已達預期的標準,同時資料也呈現穩定
狀態時,即可結束本實驗活動。

肆、優／缺點

一、優點

㈠本設計與其他倒返設計模式一般,能藉由行為的倒返,
以充分展現實驗控制,進而解讀造成行為變化的因素。

㈡最主要的優點在於透過介入效果的複製作用,不僅能確
定也能高度肯定其內在效度(Barnette & Wallis, 2005)。

㈢此外,本設計於第二次介入後,當行為充分獲得改善時,
方結束實驗活動,故可避免研究倫理上的爭議。

二、缺點

㈠由於本身為一種不折不扣的倒返設計,故存在一些潛在
的缺點,如適用情境上的限制;換言之,本設計並不適
用於教學或訓練等相關情境,或涉及能力或技巧的研究
主題。

㈡倒返階段的安排,在研究上縱然是不可或缺的一環,然
而畢竟是人為的操弄,與自然情境格格不入。

㈢最後,藉實驗設計去刻意操弄受試的行為,以建立必要
的內在效度,多少有損人類的自尊。

伍、實例與評析

一、研究實例

旨在探討合作學習介入融合式體育教學策略對智能障礙學童師生與同儕互動變化之研究中，謝玉姿（2005）採用A-B-A-B設計，研究對象為一名國小輕度智能障礙男生。

自變項為實驗對象接受每週二次，每次四十分鐘的實驗教學；基線一階段實施四次，實驗階段一為六次，基線二為四次、實驗階段實施四次。在實驗階段後隔一週後再進入觀察其一週，前後計九週共十八次教學活動。教學內容由研究者自編，在合作學習教學活動中，以現場錄影方式，蒐集個案在處理過程中之轉變，事後將所有資料做處理。合作學習（STAD & TGT），涵蓋：(1)全班教學；(2)小組學習；(3)評量學習成就；以及(4)提供獎勵等。依變項為：(1)師生互動關係；(2)同儕互動關係；以及(3)教學回饋等。

依變項分為三部分，包括：(1)師生互動行為之變化：研究者於教學實驗過程中「師生與同儕互動觀察表」的紀錄，使用個別持續時間，得知智能障礙學生介入實驗教學後的師生互動改善之成效；(2)同儕互動行為之變化：研究者於教學實驗前、後，從「同儕社會地位選項表」的得分，以及教學實驗過程中「師生與同儕互動觀察表」的紀錄，得知身心障礙學生的同儕互動改善之成效；以及(3)教學回饋：於教學實

驗結束後,訪談個案的導師、資源班教師與體育教師,並以
「師生互動行為問卷」(教學前、後)和「合作學習意見調
查表」讓受試班級之學生填答,以了解合作學習整個教學實
驗的成效,並深入了解個案在教學實驗後的行為改變。

教學實驗設計

本研究之研究對象只有一人,而 A-B-A-B 是一個倍
受推崇的個案實驗研究法,不但能在實驗之初,建立原
始的基線,以提供後續相臨實驗階段來比較前後兩種不
同實驗條件的效果,並能把那項初度引進的實驗撤銷,
用來驗證這個實驗處理對目標行為可能產生的影響,最
後再次進行重複實驗,把個案實驗研究所必須考量的內
在效度與外在效度的問題做了較正確的處置。本實驗研
究設計包括了基線階段一(A_1)、處理階段一(B_1)、
基線階段二(A_2)、處理階段二(B_2)。

表 3-2 實驗各階段工作說明

階段	工作項目	時間
基準線階段(一)	進行分組、觀察及評量,並不實施合作學習,以了解受試者介入合作學習時的表現。蒐集受試者的師生互動及同儕互動的目標行為資料,當基線個案目標行為資料經視覺分析呈現穩定水準時(若有80%～90%的範圍內,則可視為穩定性),表示個案進入穩性狀況,此時才進入實驗處理階段一。	觀察記錄共計四節課。

實驗處理階段(一)	實驗情境中實施合作學習，以拍攝研究對象之師生互動及同儕互動行為表現，之後再觀看錄影帶並加以記錄分析進行評量。	觀察記錄共計五節課。
基準線階段(二)	進行觀察及評量，並不實施合作學習，以了解受事者介入合作學習時的表現。	觀察記錄共計四節課。
實驗處理階段(二)	實驗情境中實施合作學習，以研究對象之師生互動及同儕互動行為表現，之後再觀看錄影帶並加以記錄分析進行評量。	觀察記錄共計五節課。

　　本節主要探討個案在體育課堂中與師生互動關係之變化情形，研究結果以師生互動百分比曲線圖變化分析、師生互動之視覺分析及課堂師生互動行為問卷分析。

壹、師生互動百分比曲線圖變化分析

　　本研究以A-B-A-B實驗設計，探討合作學習對個案在基線階段一、處理階段一、基線階段二、處理階段二，課堂上師生互動百分比曲線圖，由下圖可以看出個案課堂上與老師互動行為的變化。

　　曲線圖的橫軸所代表是實施合作學習實驗教學介入的節次；縱軸所代表的是介入的課堂中，師生互動行為所發生的次數。

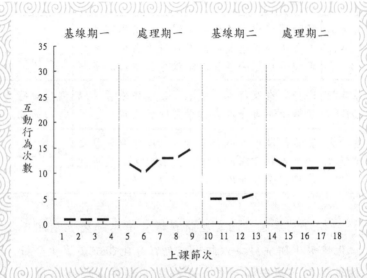

圖1　師生互動百分比曲線圖

貳、師生互動之視覺分析

一、階段內變化

本研究以A-B-A-B實驗設計，針對個案的師生互動所實施的合作學習教學介入，在基線階段一、處理階段一、基線階段二、處理階段二，師生互動變化如表1所示。

如表1及圖1所示，個案在基線期一（A_1）互動行為介於1%～1%之間，階段平均值為1%，趨向穩定及水準穩定皆呈現穩定。在合作學習教學實驗處理期一（B_1）之後，隨著上課的節數增加，個案師生互動行為亦隨之增加，水準範圍為10%～15%，呈現正向的進步趨勢，

表1　階段內師生互動之視覺分析摘要表

師生互動			
階 段 順 序	A_1	B_1	A_2	B_2
階 段 長 度	4	5	4	5
趨 向 估 計	＝（＝）	／（＋）	／（＋）	＼（－）
趨 向 穩 定	100%穩定	100%穩定	100%穩定	80%穩定
水準穩定性	100%穩定	100%穩定	75%多變	80%穩定
水 準 範 圍	1～1	10～15	5～6	11～15
水 準 變 化	1 － 1 ＋ 0	15 － 12 ＋ 3	6 － 5 ＋ 1	11 － 13 － 2
階段平均值	1	12.6	5.25	11.4

註：A_1 代表基線期一、B_1 代表處理期一、A_2 代表基線期二、
　　B_2 代表處理期二

階段平均值為 12.6%，趨向預估為上升趨勢，趨向穩定
性及水準穩定性皆呈穩定。由此可知，處理期一（B_1）
水準範圍較基線期一（A_1）水準範圍高，得知經由合作
學習教學實驗的介入，確實影響個案師生互動次數的表
現狀況，使得處理期一（B_1）的表現，與基線期一（A_1）
有明顯的差異，並使得個案在處理期一（B_1）時，比基
線期一（A_1）出現師生互動的次數為多，且處理期一呈
現水準穩定正向狀況，代表個案的師生互動上呈現成長
現象。

　　在撤除合作學習教學後，基線期二（A_2）師生互動的百分比介於5%～6%之間，階段平均值為5.25%，較處理期二（B_2）個案師生互動出現的百分比明顯下降，趨向預估逐漸下降的趨勢，趨向穩定呈現穩定狀況，水準穩定因此階段表現出持續正向的進步而呈現多變。

　　在合作學習教學實驗處理期二（B_2）之後，個案師生互動的百分比亦隨之增加，由介入第一節11%，增加到最後一節15%，呈現正向的進步趨勢，階段平均值為11.4%，趨向穩定與水準穩定皆呈穩定。由此可知，處理期二（B_2）水準範圍較基線期二（A_2）水準範圍高，因此合作學習教學實驗的介入，確實影響個案在師生互動的表現狀況，使得處理期二（B_2）時比基線期二（A_2）出現師生互動的次數為高。

二、階段間變化

　　本研究以 A_1-B_1-A_2-B_2 實驗設計，針對個案的師生互動所實施的合作學習教學介入，在基線階段一、處理階段一、基線階段二、處理階段二，師生互動變化如表4-2所示。

　　如圖六及表4-2所示，在基線期一進入處理期一（B_1/A_1）時，趨向穩定效果由穩定到穩定，朝正面效果趨勢；平均值變化為11.6%，相鄰間水準差距由1%上升至10%，上升了9%，重疊百分比則為0%，由 C 統計得知 Z 值為2.63，達到非常顯著水準，顯示合作學習對於個案的師生互動有顯著的幫助。

表4-2　階段間師生互動之視覺分析摘要表

階段間比較	B_1/A_1	A_2/B_1	B_2/A_2
趨向方向及變化	＝→/正向	/→/正向	/→\負向
趨向穩定	穩定→穩定	穩定→穩定	穩定→穩定
平均值變化與效果	12.6 － 1 11.6	5.25 － 12.6 － 7.35	11.4 － 5.2 ＋ 6.15
相鄰值變化與效果	1 － 10 － 9	15 － 5 ＋ 10	6 － 11 － 5
重疊百分比	0%	0%	0%
C 值	0.78	0.56	0.7
Z 值	2.63*	1.89*	2.36*

註：A_1 代表基線期一、B_1 代表處理期一、A_2 代表基線期二、B_2 代表處理期二；*$p < .05$

　　由處理期一進入基線期二（A_2/B_1）時，趨勢路徑仍維持正向穩定狀態；而平均值變化為 7.35%，相鄰值變化為 10%，重疊百分比則為 0%，由 C 統計得知 Z 值為 1.89，達到顯著水準，在撤除合作學習後，個案的師生互動百分比仍舊呈現上升現象。

　　由基線期二進入處理期二（B_2/A_2）時，平均值變化為 6.15%，相鄰值變化為 5%，趨勢穩定效果由穩定到穩定，朝負面效果趨勢下降；重疊百分比則為 0%，由 C 統計得知 Z 值為 2.36，達到非常顯著水準，與教師互動行為呈現穩定但負向減少趨勢。分析結果顯示，合作學習介入融合式體育有效促進智能障礙學童與體育教師互動。

二、研究評析

㈠在融合班的體育課程採用合作學習策略乃是正確的選擇，因為情境較為自然，實施程序也接近常態。

㈡實驗階段區隔明確，介入時機適宜；資料點的趨向相當清楚，倒返現象也非常明顯。

㈢水準變化無庸置疑，階段間的重疊百分比均等於零，顯示介入活動具有明顯的成效。

㈣相鄰兩階段之間的水準變化相當大，尤其是基線一和處理期一以及基線二和處理期二之間，顯示在兩次處理上皆具有明顯的立即效果。

㈤於進入基線期二之前，即在處理期一的後半段之資料點，在水準上呈現不穩定狀態，若能待至呈現穩定狀態後再進入倒返期（即基線期二）較為理想。

㈥研究對象只有一名，雖然合乎單一受試研究設計的要求，然其外在效度受到嚴格的限制。

㈦本研究的依變項為師生互動行為，似乎屬於能力或技巧的範疇，然在倒返階段卻能呈現明顯的倒返現象，因此也許其行為動機或意願的改變，才是該依變項的本質。

陸、結論

倒返設計有其先天的失調，主要存在於研究倫理的爭議。倒返設計也有其潛在的缺點，例如依變項類別的限制等。然

而若能選對實驗設計模式，或許也能將上述的缺失減至最低。

　　A-B-A-B 設計模式乃是所有倒返設計類別中，內在效度最高、爭議性最少的一種。不採用倒返設計則已，否則選擇了倒返設計，本設計模式宜列為優先考量。

　　此外，自然情境的選擇也是研究計畫中相當重要的考量，因為自然情境一方面可提高研究的真實性與可行性，二方面也能增進學習的類化和遷移。為此，常見於 B_2 中遞減實驗情境的變項數量或控制程度，例如減少增強的強度等。若此，有些研究者會提出質疑：此時是否也需改變研究設計，例如將 A-B-A-B 改為 A-B-A-B'。在觀念上雖然可能見仁見智，然在作法上希望能一致，即若介入策略的變化幅度不大，且並非為提升介入效果，仍可視為 A-B-A-B 設計。

第三節

A-B-A'-B 設計

壹、前言

　　前述所論之設計模式，不論是 A-B-A 抑或 A-B-A-B，嚴格地說，皆為撤回設計（withdrawal designs）而非倒返設計（reversal designs）。真正的倒返設計意指一種涉及介入變項的倒置與交替之實驗設計，常見的倒返設計模式以 A-B-A'-B

表示。其不同於撤回設計之處乃在於兩個實驗階段（A 與 A'），其餘則與撤回設計無異。

貳、主要特性

一、適用情境

(一)本研究設計中（A-B-A'-B）安排一次倒返活動（如圖 5-3 所示），適用於行為輔導或臨床矯治的個案，特別是行為的改變關鍵在於動機、意願或態度等特質。換言之，研究對象之所以無法表現適當行為，並非出自「不能」而是「不為」。相反地，對於教學或訓練方面的課程，由於涉及能力與技巧因素，不易倒返，因而並不適用。

(二)若研究者欲了解標的行為與其他行為之間的相關，特別是動機相同，型態相異的行為。進而提出有關介入效果的疑慮：當標的有效地抑制之後，是否會造成其他相關行為的浮現？因此，若研究目的不僅在於消除標的行為，且欲抑制其他潛在的相關行為時，A-B-A'-B 即為最佳的選擇。

二、內在效度

(一)本設計不僅為型態上較為完整的倒返設計，同時考慮上也較為周延，研究目的不僅在於消除標的行為本身，且針對其他相關行為。

(二)安排兩次介入活動，分別針對相同的行為，因而具有效
果複製的作用，更加肯定所涉及的內在效度，事實上其
內在效度優於 A-B-A 設計。

(三)觀察兩種不相容行為的相對變化，抑制彼此的消長更替，
亦即避免標的行為之借屍還魂，以另一種型態出現。例
如抑制了攻擊行為後，很可能以破壞行為取而代之。若
此，則內在效度是有了，但社會效度則從缺。

三、研究倫理

(一)實驗結構與 A-B-A-B 設計同，皆於第二次介入後結束整
個實驗工作，因此能有效降低研究倫理的爭議性。

(二)結束時是在第二次介入後，因而案主的行為已有了改變，
較能合乎案主及其家長的期許。

(三)較高的社會效度一方面可以減低研究倫理的爭議，二方
面也能提高家長的滿意度。

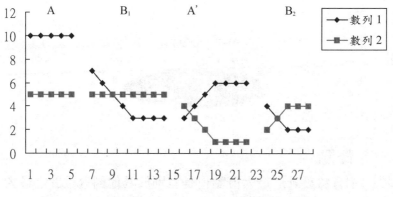

圖 5-3　A-B-A'-B 設計基本模式

參、實施步驟

一、慎選標的行為，須合乎「可觀察」、「可量化」的特質，並以行為術語對標的行為進行操作性的界定。

二、在基線階段（A_1）中同時觀察兩種不相容行為，待兩種行為反應呈現穩定狀態時，準備進入下一階段。

三、在第一次處理階段（B_1）中，針對第一種行為引進介入策略，觀察行為的變化，至行為反應呈現穩定狀態時，準備進入下一階段。

四、在倒返階段（A_2）中，於觀察第一種行為倒返變化的同時，介入第二種行為（即不相容行為），當兩種行為的變化皆趨於穩定時，準備進入下一階段。

五、於第二次處理階段（B_2）中，再次介入第一種行為，並觀察行為變化直至行為呈現穩定狀態時，即可結束本實驗工作。

肆、優／缺點

一、優點

㈠本實驗設計之最大優點也是有別於其他倒返設計之最大特色，乃在於標的行為實施介入的同時觀察其他相關行

為的消長，防範標的行為以其他型態出現。

㈡兩次的介入與倒返，完成介入效果的複製作用，建立最
具關鍵的內在效度。

㈢在第二次介入後才結束整個實驗過程，滿足學生和家長
的期望和需求，免除專業倫理的質疑。

二、缺點

㈠除了標的行為，研究者要選擇和標的行為不相容的行為，
對某些個案而言，也許不易，徒增研究進行的難度。

㈡在倒返階段（A_2）中，一面撤回標的行為的介入策略，
一面又對不相容行為引進介入活動，待兩種行為的變化
皆達穩定狀態，才進入下一實驗階段。若未能同時達到
穩定水準，要如何決定下一步驟，恐會讓研究者傷透腦
筋。

㈢在實施倒返設計的整個過程中，研究者刻意操弄行為的
痕跡，隨處可見，也許或多或少會損及受試的人格或尊
嚴，從而引發研究倫理的爭議。

伍、實例與評析

一、研究實例

Patel 與 Piazza（2002）探討食物的成分（texture）及型態
（type）對一名女童的胃食道逆流問題（gastroesophogeal re-

flux）所產生的影響。研究對象為一名三歲女孩，具有胃食道逆流現象，也無法自行吞嚥，並需依賴胃造口管（gastrostomy tube）進食。她只接受與吞食純淨的食物，否則經常吞不下而吐出來。自變項為食物中的成分（如肉類、蔬菜及水果）與呈現型態（糜爛狀與磨碎狀）。依變項為當她接受且開始吞咀嚼後，嘔吐（嘔吐物大於一顆豌豆大者皆屬之）的次數，根據日常的觀察與紀錄，當食物中含有肉類成分時，吐出的可能性大增。觀察資料係透過筆記型電腦，以事件記錄法加以蒐集，並且將資料轉為百分比，即將吐出的次數除以接受及咀嚼的次數。為建立信度係數，安排第二名記錄者，對 29% 的節次同時記錄標的行為，所得信度係數為 .98。本研究目的旨在評量食物的種類與嘔吐的相關。其研究設計、程序及結果如下：

一、實驗設計及程序

本研究採單一受試研究法的「A-B-A'-B」倒返實驗設計。

- 第一階段（A₁）：包含肉類（未研磨的）與不包含肉類食物（以蔬菜、水果及澱粉製成的 50% 糜爛狀的食物，與 50% 磨碎的食物）。
- 第二階段（B₁）：提供肉類食物（100% 糜爛狀的）與不包含肉類的食物（以蔬菜、水果及澱粉製成的 50% 糜爛狀的食物與 50% 磨碎的食物）。
- 第二階段（A'）：兩者均提供，均以 50% 糜爛狀與 50% 磨碎的形式出現。

- 第二階段（B2）：提供肉類食物（糜爛狀的）與不包
含肉類的食物。

二、研究結果

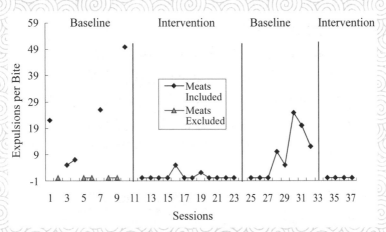

Figure 1.　Expulsions per bite across phases

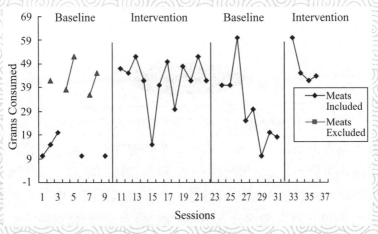

Figure 2.　Grams consumed across phases

二、研究評析

㈠採用倒返實驗設計，利用兩次介入活動，明確指出食物質地、型態與實驗參與者（Kay）之間的關係，藉此排除干擾因素的疑慮。

㈡在基線階段（A_1）中確實同時監視與觀察兩種不相容的行為（有包含肉類食物以及無包含肉類食物）。

㈢當研究者在基線階段（A_1）發現參與者呈現明顯的反治療趨向時即停止，符合基線期愈短愈好的原則。

㈣前後兩次介入的效果相當明顯，且均達零次的水準，展現了明確的內在效度。

㈤第二介入階段（B_2）過於短暫，若能增加一到二個資料點，更為理想。

㈥倒返階段（A_2）結束時呈現治療趨向，無疑地將對二次介入結果的解釋，徒增不必要的困擾。

陸、結論

　　雖然時下研究者常將撤回設計和倒返設計混為一談，事實上兩者僅為雷同，並不相同。其關鍵性的差異乃在於實驗階段A_2；因為在撤回設計中，A_2只是純粹的撤回，即收回介入策略而回歸至A_1的基線狀態。然而在倒返設計中，研究者在A_2階段並沒有撤回介入策略，而是將介入活動實施於其不相容的行為。

倒返設計的最大優點在於內在效度的確立，同時也能透過不相容行為的涉入，而兼顧外在效度及社會效度的建立。然其限制乃在於可行性甚低，研究者除了要對標的行為尋找其對應的不相容行為外，在A_2階段應觀察倒返階段之行為變化，同時也要對不相容行為實施介入，從而提高了設計結構上的複雜度及執行上的可變性。

第四節

B-A-B 設計

壹、前言

　　若個案的行為涉及一定程度的危險性，威脅人身安全，甚至危及生命時，當選擇倒返設計時，若執意安排基線階段，即使縮短了階段時間，恐將引起專業倫理的爭議。為此，若能大膽地採用 B-A-B 設計，乃是正確的選擇。

貳、主要特性

一、適用情境

㈠本研究設計（B_1-A-B_2）一開始即引進介入活動（B_1），旨在立即改變行為的現況，以達可接受的水準或頻率（如圖 5-4）。換句話說，不論其起點行為現況為何，重要的是須迅速改善行為。俟其達到預定的水準後，再來安排倒返活動。因此其適用的行為多屬具有一定程度的危險性，可能會危及自身或他人的健康或安全。屬於此類而宜優採用本設計的行為，常含攻擊、破壞以及自傷、自戕，甚至自殺等行為。

㈡B-A-B 也與其他倒返設計一般，適用於行為輔導或臨床矯治的個案，特別是行為的改變關鍵在於動機、意願或態度等特質。倘若行為的變化主要係源於「能力」而非「動機」，則其倒返幅度相當有限，嚴重衝擊研究結果的內在效度，因而應極力避免採用本實驗設計。

二、內在效度

㈠B-A-B 設計最大的特色即在於以介入揭開實驗的序幕，不必等基線過後才開始介入。中間安排一次倒返階段後，再度回到介入活動，透過該倒返階段的比較，研究者可以確定兩次介入成效。

㈡雖是倒返設計，但全程共只涉及三個實驗階段，時間上
　較為經濟，也可以避免因實驗過於冗長所導致的誤差。

三、研究倫理

㈠本研究以介入（B₂）收尾，實驗告一段落時，案主的行
　為已獲得改善，頗能合乎受試對象的需求與家長的期許。

㈡兩次介入中間的倒返活動，純係為研究的需要而安排，
　因而時間上宜盡量縮短，否則容易引發研究倫理上的爭
　議。

㈢當標的行為符合上述採用本設計的條件時，若改用其他
　實驗設計，恐將在研究倫理上無法立足。

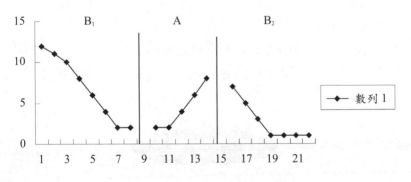

圖 5-4　B-A-B 設計基本模式

參、實施步驟

一、慎選標的行為，除了須合乎「可觀察」、「可量化」的特質外，最重要的是具有一定程度的危險性，可能危及自身或他人的安全或健康的行為。

二、實驗伊始，研究者立即引進介入策略（B_1），同時觀察與記錄標的行為的變化，待其行為之危險性已大幅降低或達到預訂水準時，準備進入下一實驗階段。

三、進入倒返階段（A_1），暫時撤除介入策略，只進行觀察和記錄行為的變化。當呈現倒返現象時，切勿拖延，不必等到完全倒返，即可進入下一階段。

四、恢復介入策略（B_2），同時觀察與記錄行為反應，待其行為已完全消除或已達預定的水準時，結束本實驗。

肆、優／缺點

一、優點部分

㈠基線評量階段可以從略，起點行為也非必要條件；即時介入，可避免潛在的危險及威脅。

㈡整個實驗過程只涉三個階段，實驗時間縮短，可將不必要的干擾程度減至最低。

㈢在介入階段後才結束整個實驗活動，此時研究對象的行為已獲改善，能有效排除專業倫理上的爭議。

二、缺點部分

㈠第一次實施介入前並未蒐集基線資料，缺乏參照標準，不易判斷介入效果值的大小。

㈡第一次介入後的倒返階段，雖然在研究上有其必要性，然對受試對象的潛在危險依然無法完全排除。

㈢在倒返階段，若欲等至完全倒返，恐將危及受試者的安全；相反地，若未倒返即恢復介入措施，又恐將危及研究的內在效度。這對研究者而言，委實是兩難問題。

伍、實例與評析

一、研究實例

對一名九歲五個月大的重度智能障礙、嚴重缺鐵的女孩，Pace 和 Toyer（2000）採行 B-A-B 研究設計，以探討維他命療法對亂食（pica）行為的成效。實驗情境分為獨處與有人伴隨兩種，前者表示 Dana 一個人待在實驗室裡，後者表示有一名成人（可能是診療師或家長）陪著她，坐在實驗室裡，背對著她在看書，但暗中觀察她的行為，一發現有亂食行為，立即予以制止。在兩種情境中，室內備有適齡玩具以及非食品類的東西。由於實驗前受試者已服用維他命一段時間，因

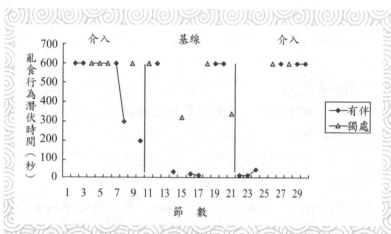

圖一　在獨處及他人伴隨情境中 Dana 亂食行為的潛伏時間

而研究者決定採用 B-A-B 設計，在介入一階段，研究者讓受試服用鐵質及維他命，同時觀察其亂食行為。在倒返階段中受試者只停服維他命，接著在介入二階段中，受試者又繼續服用鐵質及維他命。研究結果如上圖。

二、研究評析

㈠針對具有高度危險性的亂食行為，捨結構較完整的A-B-A-B而就效度較差的 B-A-B 設計，乃是明智的選擇。

㈡研究者安排兩種實驗情境（獨處和有伴），可以對情境進行功能分析，指出影響行為的情境因素。

㈢曲線圖上，行為的變化極為明顯；同時在水準和趨向上皆呈現高度的穩定狀態，意謂著研究者能有效控制實驗變項，展現了良好的內在效度。

㈣倒返時間太長，實際上可縮短一些，研究暫共安排了八
　　個節次，恐將引發研究倫理之爭議。

㈤刻度訂得過小，以致無法進行視覺分析，包括繪出趨向
　　線，更遑論計算水準和趨向穩定百分比。

陸、結論

　　實驗設計的選擇依據，除了參照行為特質、受試條件以
及情境因素外，也不能不考慮研究倫理的議題。若標的行為
本身對己或對人具有一定程度的危險性或脅迫性時，第一時
間要進行的活動不是基線評量而是介入治療。若此，B-A-B
設計乃是最適切的選擇。當行為起了變化，其危險程度降到
可以接受的水準時，即可進入倒返階段。然而此時宜盡量縮
短，俟其呈現倒返現象，即須再實施介入，以免造成不必要
的困擾。

第五節

多處理設計

壹、前言

多處理設計（multiple treatment designs）在結構上也是一種倒返設計，唯其在實驗中運用多種介入策略。研究者在實驗的過程中，經常不易找到量身訂作的設計；若遭遇到阻礙或難題而無法克服時，往往會被迫中斷，導致功虧一簣，而需另起爐灶。若是選擇倒返設計，即使遇此困難，由於設計本身允許研究者臨時更改設計，故可見招拆招，逢凶化吉（Barnette & Wallis, 2005）。具體而言，當研究者發現所規劃的自變項無法達到預期的效果時，可改用其他的自變項。繼續介入，必要時可一改再改，使設計模式無限延伸，直到滿意為止。

貳、主要特性

一、適用情境

㈠本研究設計適用對象與其他倒返設計一致，常用於行為
輔導或臨床矯治的個案，特別是行為的改變關鍵在於動
機、意願或態度等特質。相反地，對於教學或訓練方面
的課程，由於涉及能力與技巧因素，不易倒返，因而並
不適用。

㈡研究者採用本實驗設計，往往不是研擬計畫的初衷，而
是實驗過程中發現問題，而被迫將原來的倒返設計改為
多處理設計。因此，選擇多處理設計可視為一種權宜的
措施，或折衷的方案。

㈢多處理設計具有類似比較介入設計的功能，允許研究者
比較多種介入策略的成效，俾能從中挑選最佳效果的介
入方案。

二、內在效度

㈠多處理設計的基線階段（如圖 5-5 所示）似乎僅指最初
的實驗階段（即階段 A）；推究其實，隱性的基線比比
皆是。檯面上，除了初始的基線階段外，其餘皆為介入
階段；檯面下，惟其能產生預期結果以供視覺分析的實
驗階段，才是真正的介入階段。

㈡雖然最初的介入效果不佳，但隨後安排多種不同的介入策略，最終還是有效地改變標的行為，達到研究的目標。因而本設計涉及多次倒返與介入的交替實施，也重複出現「基線－介入」模式的結果，從而建立其內在效度。與 A-B-A-B 設計，具有異曲同工之妙。

㈢在研究過程中，若介入策略的種類繁多，介入活動的次數頻仍，容易產生殘存效應（carryover effect），不易區分個別介入的成效。

三、研究倫理

㈠與一般倒返設計相同的是，多處理設計中也含有倒返階段，因此在操作上不可不慎，宜循正確的實施步驟。

㈡與一般倒返設計不同的是，多處理設計中含有多次倒返階段。推究其實，所有介入前的實驗階段一概均視為倒返階段，故理論上更易引發研究倫理的爭議。實際上，在這些倒返階段中研究者也實施介入活動，只是效果不甚理想，因而上述的爭議應不如預期中嚴重。

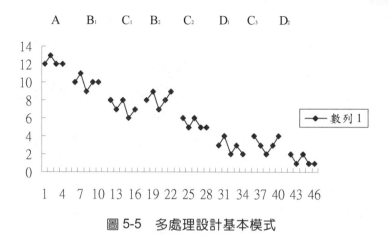

圖 5-5　多處理設計基本模式

參、實施步驟

一、首先進行基線階段（A）的資料蒐集（如圖 5-5），俟其
　　資料點呈現穩定狀態或反治療趨向時，進入下一實驗階
　　段。
二、實施第一次介入（B_1），觀察及記錄行為反應；待其資
　　料點呈現穩定狀態時，分析介入效果。
三、若能達到預期的效果，則進入倒返階段，之後再介入一
　　次。若此，則多處理設計演變成 A-B-A-B 設計。
四、若效果不如預期，則視 B_1 為基線階段，接著引進第二種
　　介入策略（C_1），觀察並記錄行為反應，當其資料呈現
　　穩定狀態時，分析介入效果。

五、若效果合乎預期水準，則接下去進入倒返階段 B_2，最後再次實施介入 C_2，至此構成 A-B-C-B-C 設計。

六、若效果不佳，則接著引進第三種介入（D_1），俟其資料呈現穩定狀態，分析介入效果。

七、若效果良好，則接著進入倒返階段 C_2，最後再次實施介入 D_2，至此形成 A-B-C-B-C-D-C-D 設計。

八、若效果仍不如預期，則以 D_1 為基線階段，接著引進第四種介入策略 E_1，觀察並記錄行為反應，直至資料呈現穩定狀態，分析介入效果。

九、若效果良好，則接著進入倒返階段 D_2，之後再實施第二次介入 E_2，而構成 A-B-C-B-C-D-C-D-E-D-E 設計。若效果欠佳，則以此類推，無限延伸。

肆、優／缺點

一、優點

㈠多處理設計本身是一種倒返設計的變型，所以具有一般倒返設計的優點，如實施簡易及內在效度高等。

㈡最值得一提的優點乃在於具有高度的彈性，可隨時調整或變換介入策略；不必耽心因介入方法的選擇不當，而使整個實驗中斷，或宣告流產。

㈢允許研究者比較多種不同介入策略的效果，提供實務工作者選用策略時的參考依據。

二、缺點

㈠如前所述，所有倒返設計的最嚴重缺點就是容易引發研究倫理的爭議，多處理設計也不例外。惟，若研究者能在實施介入策略並達預定的成效之後，才結束實驗工作，則多少能將上述的爭議減到最低。

㈡有關倒返設計另一個潛在的缺點，即為適用情境上的限制。換言之，所有倒返設計皆不適用於能力本位或技巧導向的依變項。

㈢另一個不容忽視的問題，在於不同介入策略之間的交互作用，即由於先後引進多種介入策略而導致介入方法之間的互相干擾，從而衝擊研究結果。

伍、實例與評析

一、研究實例

在探討正向語句引導和增加教室中表現次數對國小ADHD兒童教室中干擾行為之研究中，張美齡（2003）採用多處理設計，以一名國小二年級男童為研究對象，經醫師鑑定為重度注意力缺陷過動症。

自變項為正向語句引導和增加受試者在教室中表現次數的介入方法，其中正向語句引導的介入方法，係指當受試者出現干擾他人的標的行為時，用正向語句引導法引導他遵守

常規。至於增加受試者在教室中表現次數的介入方法，指的是在教學的安排中增加他表現的機會。然而不管實施上述何種介入方法，皆以不打斷受試者正在進行的活動為原則。

依變項係指受試之標的行為——干擾他人。干擾他人包含以口語或肢體的方式，打斷別人正在進行的活動，影響上課秩序或使人有厭惡的感覺（例如製造噪音、在教室隨意走動、插嘴、隨意拿走別人東西、打人、捉弄人等），但不包含一般性的借用東西或針對課堂上的問題發問等。

研究設計係採單一受試研究法中的多處理設計，將 A-B-C-B-C 多處理設計加以修改成 A-B-C-B-C-A 設計。實驗階段中於基線期開始前是適應期，研究者開始進入教室攝影，讓全班學生事先適應此實驗情境。之後開始進入基線期（A_1），暫不介入，待受試者表現穩定後再進行正向語句引導（B_1）的介入階段。當受試之表現趨於穩定時，進行增加受試者在教室中表現次數（C_1）的介入策略；待穩定後再進行正向語句引導（B_2）的介入；趨於穩定，再進行增加受試者在教室中表現次數（C_2）的介入，最後再進行第二次（A_2）的追蹤觀察。其部分結果如下：

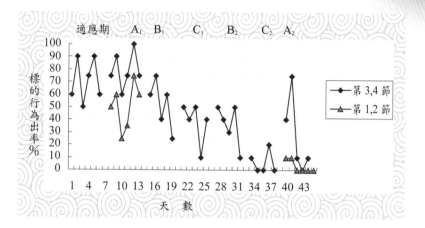

二、研究評析

　㈠研究者在進行研究之前，先安排適應期，旨在讓研究對象能事先適應實驗的情境，之後才展開正式實驗，能有效控制潛在的干擾因素，從而摒除相關的混淆變項。

　㈡採用多處理設計實為明智之舉，因為結果顯示兩次的介入策略 C 均優於介入策略 B。

　㈢在最後的追蹤期，標的行為已降至最低水準，顯然已達研究目標，可避免因採用倒返設計模式所產生的研究倫理之爭議。

　㈣每一階段的行為資料，其水準變化甚大，似乎有些干擾因素在發生作用，未能有效控制。

　㈤介入前的資料皆未呈穩定狀態，大大減低了介入結果的實驗效度，特別是內在效度。

　㈥此外，本研究只安排一名受試對象，雖然已能滿足多處理設計的要求，然而也嚴重限制了其外在效度。

陸、結論

　　整體而言，多處理設計雖然和其他倒返設計模式一樣，具有先天的失調和缺陷，包括使用情境的限制及研究倫理的爭議（Barnette & Wallis, 2005）。然而不可否認的，多處理設計也具有獨特的功能，例如設計本身的彈性變化及介入效果的評比分析等。因而多處理設計在實驗設計中已占有一席之地，同時也已廣受研究者的青睞。

第六節

倒返設計之變型

壹、A-B-A-B'

一、適用情境

(一)本研究設計（如圖 5-6 所示）與 A-B-A-B 大同小異，兩者的適用情境也相同。

(二)皆適用於行為輔導或臨床矯治的個案，特別是行為的改變關鍵在於動機、意願或態度等特質。

二、內在效度

㈠本研究設計包含一次基線、兩次介入以及一次倒返等，
共分為四個實驗階段。

㈡在結構上與 A-B-A-B 設計無太大的差別，唯一的不同在
於最後的實驗階段（B'），前者只是單純的策略（B），
而後者則是做了調整，例如增加或減少某些成分，致使
策略與原形（B_1）不一致。

㈢安排此等變型策略的動機旨在提高介入效果，在B_1階段
發現介入效果不彰時，臨時做了調整，以期達到預期的
成效。

㈣本設計之結構與 A-B-A-B 相同，因而表面上其內在效度
也類似，皆優於 A-B-A 設計。

㈤然而由於本設計中的第一個介入策略（B），效果不如
預期，因此對整個設計的內在效度造成衝擊，導致與A-
B-A-B 設計相較之下，其內在效度也略遜於後者。

三、研究倫理

㈠所有倒返階段的安排，旨在反向操弄行為，期望行為的
頻率或強度能回歸至原點。此種刻意的操弄行為，恐有
違其基本人權和利益，或損及人性尊嚴，因而引發研究
倫理的議題。

㈡本設計也不例外，但設若調整策略的目的不在於提高介
入成效，而是人道上的考量，則其社會效度可能較高，
反之其研究倫理的爭議性則較低。

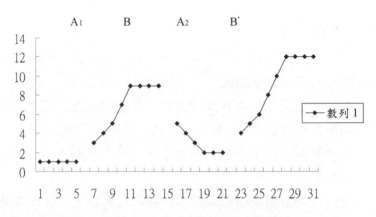

圖 5-6　A-B-A-B' 設計基本模式

四、實施步驟

㈠進行步驟大致如 A-B-A-B 設計。實驗之初，慎選標的行
為，須合乎「可觀察」、「可量化」的特質。再以行為
術語對標的行為進行操作性的界定。

㈡先是基線評量，接著是介入活動，再來是回到基線情境，
最後再介入一次。

㈢值得提醒的是，在最後一次介入時，除了原先的策略外，
加上其他成分，視為一種策略的變化，並觀察與記錄行
為變化。最後，整個實驗過程告一段落。

五、實例與評析

㈠研究實例

有鑑於社會故事已經廣泛被用於自閉症兒童干擾行為的
介入，然而極少研究探討社會故事的成效，Crozier 與 Tincani

（2005）檢視文獻發現社會故事可降低自閉症幼兒的問題行為，並獲知口語指令可以作為未來探討社會故事成效的重點。因而也著手研究欲探討修正式社會故事伴隨有或沒有口語指令時，對幼稚園中自閉症幼兒問題行為的影響。他們採用倒返設計來比較成效，干擾行為在介入的兩階段都降低了，但是有口語指令的階段降幅較大，介入後的維持期顯示修正式社會故事已經變成學生規律的教學作息。部分結果如下：

　　　主題為探討社會故事（有／無口頭提示）在幼稚園的環境中對降低自閉症不當口語的行為成效。個案是Alex，八歲的自閉症兒童，具備有一些閱讀的基本能力，在 ARI 測驗中可以讀85%的字，75%理解句子。據老師表示 Alex 有不當口語（talking out）的行為。

　　　由第一作者針對孩子進行一對一社會故事訓練，在Alex上課的班級中進行資料觀察。作者事前有針對標的行為進行觀察，發現行為目的為尋求注意。自變項是修正之社會故事：針對 Alex 的不當口語行為寫了一個故事，並提供替代之功能行為。依變項是不當口語行為定義：對老師說話時未舉手或未叫他開始說話時，包括：問問題、提供意見、尋求協助。

實驗設計：介入都由研究者執行，採用 A-B-A-（B）C
　　　　　倒返設計，其中
A：在教室觀察30分鐘的不當口語行為
B：修正之社會故事，（在行為觀察前進行）
（B）C：修正式社會故事＋口語提示（上課中每六分鐘給
　　　　一次）
維持期：由教室老師將社會故事融入作息中執行

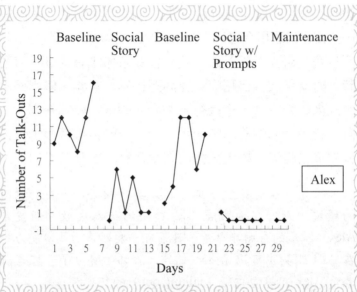

Figure 2.　Number of Talk-Outs Across Phases

(二)研究評析

1. 本研究在第二次介入階段中，除了原來的社會故事外，加上「提示策略」的成分。因此嚴格地說，這只構成介入型態上的調整，而非介入型態的轉變：從單一策略轉變（B'）為包裹策略（BC），因而是道地的A-B-A-B'設計。

2. 介入時間點適切，在第一次介入（B₁）前的基線期中（A₁），其後三點趨向穩定，且成反治療趨向。

3. 介入效果明顯，針對基線（A₁）與介入（B₁）進行階段間分析，其重疊百分比等於零。

4. 內在效度達一定的水準，不僅介入成效良好，其倒返

階段（A_2）中資料也呈現預期且明顯的倒返現象。

5. 研究者力求曲線圖 2：3 的黃金比例，透過適時應用日期間隙（//）的符號（於維持階段的日期橫軸上），以維持圖形結構的完整性與完美感。

6. 然而美中不足的是，參與者只有區區一名，在研究的外在效度上不免受到限制。

7. 第一次介入時雖呈現明顯的成效，但其水準與趨向皆不穩定，須再持續介入一段時間，才進行倒返的動作。

8. 研究者並未針對曲線圖進行視覺或其他類型的資料分析，無法進一步了解曲線圖所代表的意涵。

貳、A-B-A-C-A-D設計

一、適用情境

㈠本研究設計適用對象與其他倒返設計一致，常用於行為輔導或臨床矯治的個案，特別是行為的改變關鍵在於動機、意願或態度等特質。相反地，對於教學或訓練方面的課程，由於涉及能力與技巧因素，不易倒返，因而並不適用。

㈡研究者採用本實驗設計，旨在比較不同的介入策略之成效，俾能從中挑選最佳策略。

二、內在效度

㈠本研究設計涵蓋一次基線、三次介入、兩次倒返以及可能的最後維持階段，共分為六個實驗階段（如圖 5-7）。

㈡允許研究者多方嘗試不同的介入方式，俾能從中擇取效果最佳的策略。

㈢藉著倒返活動的安排，可以比較相鄰兩階段的行為變化，進而確定介入的效果。

㈣提供一個具有高度彈性的空間，讓研究者伺機從容不迫地安排不同的介入策略。

㈤本實驗設計擁有若干倒返階段，與介入階段交替出現，緊密結合，組成「基線－介入」模式，且重複再三，因此理論上具有良好的內在效度。實則未必，相反地，其最大的弱點可能即為缺乏內在效度。

㈥原因在於不同的介入處理之後，每次的倒返活動必然無法回歸到相同的水準，因而衝擊其內在效度。

㈦在研究過程中，若介入策略的種類繁多，介入活動的次數頻仍，容易產生殘存效應（carryovereffect），不易區分個別介入的成效。

三、研究倫理

㈠與一般倒返設計相同的是，多處理設計中也含有倒返階段，因此在操作上不可不慎，宜循正確的實施步驟。

㈡與一般倒返設計不同的是，本設計內建多次倒返階段。理論上，倒返階段愈頻繁，愈易引發研究倫理的爭議。

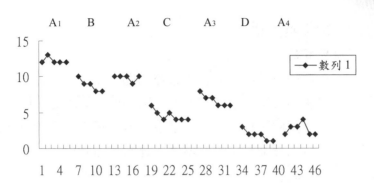

圖 5-7　A-B-A-C-A-D 設計基本模式

四、實施步驟

㈠慎選標的行為，須合乎「可觀察」、「可量化」的特質。
　其次，以行為術語對標的行為進行操作性的界定。

㈡接著安排基線活動（A₁），在未介入的情境下進行標的
　行為的評量。

㈢當行為呈現穩定狀態時，且連續三天／節次後，第一次
　引進介入策略（B），同時觀察與記錄行為變化。

㈣待其行為發生明顯的變化，並漸趨穩定狀態後，進入倒
　返階段（A₂），觀察與記錄行為反應。

㈤若確定介入策略 B 的效果不佳，可進而引進第二種介入
　（C），同時觀察與記錄行為變化。

㈥行為漸趨穩定後，再入倒返階段（A₃）。

㈦必要時再引進第三種介入（D），再倒返（A₄）；以此類
　推。

五、實例與評析

㈠研究實例

在一項探討多項行為介入策略對聽障學生分心行為之研究中，吳永怡、吳慧聆（2003）採用一種倒返設計，研究對象為三名不同聽障程度的國小學生。自變項為多項行為介入模式，包括三種策略：物質增強、錄影帶自我模仿以及社會增強，分別於第二、四及六階段實施。依變項為受試者於上課期間表現的分心行為，包括眼神呆滯、與鄰座同學談話或比手畫腳、傻笑、打呵欠、打瞌睡、趴桌上、自言自語，以及不理會教師提問等。但是，不包括思考如何回答教學者的問題、經教學者要求提醒旁邊的同學該注意的事項（指老師所說的答案）、因研究者的要求而做某些無關上課的行為（吐痰）和其他突發的舉動等（被不相干的人打擾上課，而短暫的注意力轉移）。

㈡研究設計

1. 第一部分——A：基線期，記錄受試學生上課期間分心行為次數，作為基線以便觀察趨勢。此部分包括階段Ⅰ、Ⅲ、Ⅴ，每階段各記錄五次。

2. 第二部分——B：處理期，行為介入策略【物質增強】之處理。此部分包括階段Ⅱ，此階段紀錄五次。

3. 第三部分——C：處理期，行為介入策略【錄影帶自我模仿】之處理。此部分包括階段Ⅳ，此階段紀錄五次。

4. 第四部分——D：處理期，進行行為介入策略【社會

增強】之教學處理。此部分包括階段Ⅵ，此階段紀錄
五次。

5. 第五部分——A'：追蹤期，進行行為介入策略之教學
   處理後二星期維持效果之評量。此部分包括階段Ⅶ，
   此階段記錄五次。

6. 研究情境的控制

   6-1 教學時間：採固定教學時間，週一至週五早上 8：
   45～8：55 或 8：55～9：05，一週五次，每次 10 分鐘

   6-2 教學地點：四年 12 班教室

   6-3 教學科目：國語科

   6-4 教學者：研究者

7. 個案之選擇：研究對象為三位國小聽覺障礙學生，研
   究對象之選取原則包括：聽覺障礙學生，無其他感官
   障礙與嚴重情緒障礙，平時皆配戴助聽器，能了解教
   學進行時教學者之口語及輔助手勢，並經過父母同意。

(三)結果分析

個案一：十歲五個月，男生，輕度聽障

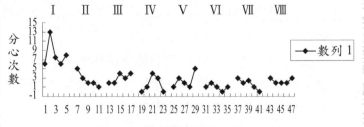

圖一　個案一分心次數紀錄表

圖表之視覺分析　　　　　可接受穩定範圍 13 × 20% = 2.6

階　　　段	A/I	B/II	A/III	C/IV	A/V	D/VI	A/VII VIII
階 段 長 度	5	5	5	5	5	5	10
趨 向 預 估	＼	＼	／			＼	＼—
趨 向 穩 定	60% 多變	100% 穩定	100% 穩定	80% 多變	100% 穩定	100% 穩定	100% 穩定
趨向資料路徑	＼	＼	／	／	／	＼	＼—
水準變化範圍	6~13	1~5.5	2~4.5	0~4	0.5~5	0~1.5	VII 0~2 VIII 0.5~1.5
水 準 變 化	7(－)	4.5(－)	2.5(＋)	4(＋)	4.5(＋)	1.5(－)	VII 2(－) VIII 1(＝)

㈣**研究評析**

　　1.為了充分展現實驗控制，針對與習性、人格及情緒等有關的行為，採用倒返設計乃是正確的選擇。

　　2.安排三名受試對象，且具不同的性別和障礙程度等向度，能提升本研究的外在效度。

　　3.視覺分析相當詳細，資料正確，且註明可接受的穩定範圍，有助於他人的研讀與理解。

　　4.夾在中間的介入策略 C 和前後兩種策略 B 與 D，在性質上顯然不同，前者涉及認知與技巧而後者只關係行為動機，因而或多或少會影響倒返的水準。

　　5.由於次序及殘存效應的作用，研究者只能透過相鄰階段間分析基線與介入階段的效果，而無法比較介入策

略之間其效果的優劣。

6. 最後兩個實驗階段旨在評量保留效果，沒有必要分成
兩個階段，徒增研究設計的複雜度以及讀者的困惑感。

參、結論

　　倒返設計具有相當大的彈性空間，可以視研究的需要或
情境的變化而予以適度的調整（Barnette & Wallis, 2005）。首
先，若發現事先安排的介入策略無法達到預期的效果時，可
以做適度的調整；必要時，甚至可將兩種或甚至三種策略一
併實施，而形成 BC 或 BCD 等組合，這種包裹式介入型態也
常出現在日常的教學或輔導情境。

　　其次，研究者也可以透過倒返設計模式以進行不同介入
策略之比較，例如可以採用 A-B-A-C-A-D 設計，以比較介入
策略 B、C 和 D 之間的差異。若此，則須考慮可能發生的秩
序效應，同時在解釋結果時亦須持較為保留的態度。

第六章

多基線設計

重要概念

一、多基線設計（Multiple Baseline Designs）

此設計旨在相同的情境下提供多條基線，作為彼此間相互比較與參照之用。進行時，宜於相同的情境下安排多條基線，繼之以輪番的方式依序介入，以錯開介入的時間點。此時，研究者能對照與比較介入後的行為變化與其他仍停留在基線期的行為反應，因而雖然實質上不必有倒返的動作，然亦具有倒返作用的效果。

二、跨受試多基線設計（Multiple Baseline Across-Subjects Designs）

在多基線的架構上，安排三名（或三組）以上受試，依次引進介入策略，在相同的情境中，改變這些受試者的相同行為。

三、跨行為多基線設計（Multiple Baseline Across-Behaviors Designs）

在多基線的架構上，安排一名（或一組）受試，針對其三種或三種以上的行為，依次引進介入策略，旨在設計於相同的情境中，改變這些不同的標的行為。

四、跨情境多基線設計（Multiple Baseline Across-Settings Designs）

在多基線的架構上，安排三種或三種以上的情境，依次引進介入策略，期能在這些不同的情境中，針對一名（或一組）受試者，改變一種標的行為。

第一節

跨受試多基線設計

壹、前言

前章所述之倒返設計，雖然具有展現內在效度的潛能，且其實施的可行性亦高。然而不可諱言的，該設計卻存在著若干缺點，無法滿足研究者的部分需求，於是乃有多基線設計的誕生。換言之，多基線乃是針對倒返設計的缺失和限制，應運而生（Barger-Anderson, Domaracki, Kearney-Vakulick, & Kubina, 2004）。析言之，多基線可以不必經歷倒返的歷程，仍能展現倒返的作用。

多基線設計又分為跨受試、跨行為及跨情境等三種類型，

本節旨在討論跨受試多基線的應用。

貳、主要特性

一、適用情境

(一)在型態上，多基線係一系列的 A-B 設計，只涉及基線與介入，而無倒返階段的安排，因而也適用於倒返設計中被排除在外的標的行為。

(二)在實施上，跨行為多基線並無任何嚴格的限制，舉凡課程教學、技巧訓練、習慣養成、人格塑造，以及行為輔導等，皆可應用於本設計。

(三)在方式上，跨行為多基線設計允許研究者以小組、小班或小團體方式，進行課程教學或行為輔導。因而教師仍可採原班人馬，進行教學或輔導，不須打破班級限制，或調整實驗組成員（Barger-Anderson, Domaracki, Kearney-Vakulick, & Kubina, 2004）。

二、內在效度

(一)所謂「多」基線設計，意指一條基線以上。理論上，基線愈多，效度也愈高。實際上，一般要求須安排三條基線以上，因為三條基線的設計其內在效度才能達到可接受的水準（亦即倒返設計中的 A-B-A-B）。

(二)在跨受試多基線設計中，若研究對象過多，則須分成三

組以上，使其基線維持在三條以上，以達到一定水準的內在效度。然而，組別也避免過多，以三至五組為限，否則意謂曲線過多、繪圖不易，徒增視覺分析的難度。

㈢為提高內在效度，受試者須符合下列原則（Winn, Skinner, Allin, & Hawkins, 2004）：

1. 功能獨立、型態類似：所謂「功能獨立」意指受試者之間，彼此相互獨立自主，不受他人影響，至少不會因某受試行為之改變而去模仿或學習對方，從而改變自身的行為。至於「型態類似」意指其受試者之間具有某種程度的同質性或相似性，其背景變項相去不遠，包括年齡、障別、程度……等。由於上述變項的類似，推論出彼此間的學習需求亦為接近，因而對相同的介入策略期能皆有反應。

2. 組內同質、組間異質：若是受試人數過多，需要加以分組，以便於繪圖分析。進行分組時，宜依循「組內同質、組間異質」的原則。若組內同質性高，則有助於進行資料分析，將一組當作一人來處理；若組間異質性高，則能提升該研究的外在效度，有助於研究結果的推論與類化。

3. 情境相同：合理的比較或參照須在相同的情境下進行，否則將失去比較意義或參照標準。因此，既然多基線設計中的基線主要係供比較與參照之用，其基線評量應於相同的情境下進行，例如相同的班別或年級，至少是相同的學校。換句話說，在跨受試多基設計中的多名受試者，須為就讀同一所學校的同年級學生，最

好都是同班同學。

三、研究倫理

㈠基本上，多基線設計因只有基線與介入兩個實驗階段，而無倒返階段的安排，因此較少涉及研究倫理的議題。然而，本設計也有其潛在的限制。

㈡實施上，於跨受試多基線設計中，所有受試者雖然同時實施基線評量，但並非同時結束基線而進入介入階段；而是以輪番方式，依序進入，因此容易造成部分基線過長的現象。基線過度延長，常會引發受試者不當反應，甚至引起研究倫理的爭議。

㈢研究者若要避免讓基線造成不必要的延長，務必有效地控制相關變項，同時在適當的時間點切進介入階段。必要時，可將程度好或能力強的研究對象安排在前，優先進入處理階段，亦能縮短基線的長度。

參、實施步驟

一、事先慎選標的行為，須合乎「可觀察」、「可量化」的特質。其次以行為術語進行操作性的界定。

二、安排三位受試者（如圖 6-1），彼此間合乎「功能獨立、型態類似」的原則。

三、三名受試者同時進入基線階段，亦即在第一天或第一節，同時蒐集所有受試者的基線資料。

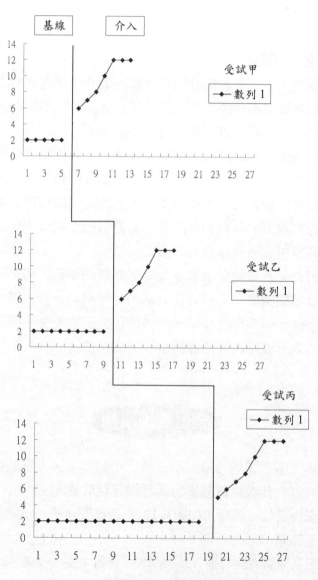

圖 6-1　跨受試多基線設計基本模式

四、待第一位（如受試甲）的資料呈現穩定狀態，則該受試者開始進入介入階段，不過其餘受試者仍停留在基線階段，繼續其基線評量。

五、當受試甲的介入資料呈現穩定狀態或已達預定的水準時，同時，受試乙的基線也呈穩定狀態或反治療趨向，則可對受試乙開始進行介入處理；惟受試丙仍繼續停留在基線階段。

六、若受試乙的介入資料呈現穩定狀態或已達預定的水準時，同時受試丙的基線也呈穩定狀態或反治療趨向，則可對受試丙開始進行介入處理。

七、直至受試丙的介入資料呈現穩定狀態或已達預定的水準時，則本實驗工作即可告一段落。

肆、優／缺點

一、優點

㈠多基線設計最大的優點乃在於不必安排倒返活動，卻能透過其他基線資料的對照，而展現倒返的功能（Winn, Skinner, Allin, & Hawkins, 2004）。

㈡跨受試設計允許研究者採用小組、小班或小團體模式，進行教學或輔導活動，較能合乎自然情境的需求。

㈢若能把握「組內同質、組間異質」的分組原則，本實驗設計也適用於異質性高的團體。

二、缺點

㈠受試者之間須合乎「功能獨立與型態類似」的基本要求。在某些情境下，研究要找到合乎此條件的研究對象，恐非易事。

㈡鑑於多基線設計乃是一個接一個依序進入介入階段，因而導致最後一、兩位受試者的基線拖延時日，引發不當的測驗效應（Barger-Anderson, Domaracki, Kearney-Vakulick, & Kubina, 2004）。

㈢多基線設計容易產生共變現象，亦即尚未進入處理階段的受試行為常跟著其他受試者，同時改變其標的行為，導致整個實驗工作功敗垂成。

伍、實例與評析

一、研究實例

自閉症兒童出現率目前正以極快的速度竄升，一般學校和機構無法提供充分而必要的服務，因而擴充性服務（expanding services）課程乃為自閉症兒童及其家長所需。基於此，Symon（2005）探討為期一週的親職教育課程對家長介入模式的成效，以下是家長當訓練人員，對自閉症兒童所進行的介入活動，其部分結果如下：

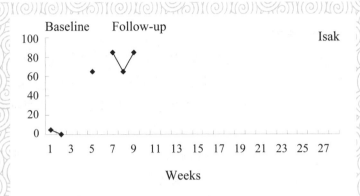

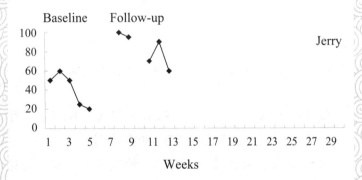

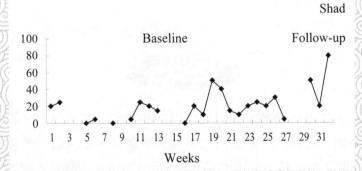

Figure 2. Percentage of 3 children's functional verbal behaviors

二、研究評析

㈠針對此類似之行為訓練研究，由於可能涉及能力的提升與技巧的學習，若採前章之倒返實驗設計，可能出現無法倒返的現象，因而選擇跨受試多基線設計，乃是明智之舉。

㈡介入前，三名受試者的基線資料皆呈穩定或反治療趨向，有助於釐清介入後導致為變化的主因。

㈢介入後，三名受試者之行為皆呈現明顯的變化，訓練效果顯而易見。

㈣由於三名自閉症兒童來自不同的地區，即處在不同的情境之下，嚴格地說，這不符跨受試多基線設計的基本要求。

㈤受試 Isak 的基線太短，而 Shad 的基線則過長，過與不及，皆可能成為衝擊實驗結果的潛在因子。

㈥受試 Shad 的基線評量並不連續，研究者卻用線段連結，易使讀者造成誤解。

陸、結論

　　多基線設計乃是針對倒返設計的缺失，所發展出來的設計型態，因而除了避免研究倫理的爭議外，亦無研究情境上的限制。跨受試多基線可同時納入三、五人，或甚至十餘人，進行小班教學或團體輔導，符合小班教學或小組輔導等自然

情境的需求。然而，多基線設計也並非沒有缺點，最主要的缺點則可能在於基線評量的延長，特別是最後一位受試者。長時間對未講授的內容，進行重複性的評量，可能引發受試者的不當行為或情緒反應，弊多於利，甚至影響實驗結果，不可不察（Winn, Skinner, Allin, & Hawkins, 2004）。另外值得一提的，跨受試多基線的前提是：情境相同，行為也相同。換言之，所謂跨受試多基線設計，即為在多名受試者所處的相同情境下，針對其共同的行為，依序實施介入活動，期能改變該標的行為。

第二節

跨行為多基線設計

壹、前言

　　上節所述之多基線設計，係跨受試模式。在實施上，此模式至少需三名受試者；倘研究者無法找到三名符合研究條件的受試者，只能望此興嘆了。若此，另一種多基線設計模式——跨行為多基線設計，也許是可以考慮的選項。本節旨在討論跨行為多基線設計的原理與應用。

貳、主要特性

一、適用情境

㈠在型態上，多基線係一系列的 A-B 設計，只安排基線與介入，而無倒返階段，因此標的行為的限制較少。

㈡在實施上，跨行為中的標的行為可能是學習能力、學科技巧、習慣動作、人格特質、情緒反應，以及其他各種行為等，皆可應用多基線設計。

㈢在方式上，多基線允許研究者以多種行為同時納入研究範圍，例如一個單元中的多項教學目標，或研究對象的多種偏差行為等。因而教師仍可採原來的教學型態，進行教學活動，以合乎自然情境的原則（Barger-Anderson, Domaracki, Kearney-Vakulick, & Kubina, 2004）。

二、內在效度

㈠理論上，基線愈多，效度也愈高。實際上，在跨行為多基線設計中，一般的作法是，須安排三項以上的行為。若此，其內在效度才能達到倒返設計中 A-B-A-B 設計的水準。

㈡為提高實驗的內在效度，標的行為的選擇須符合下列原則：

　　1. 功能獨立：各個標的行為之間並無明顯的因果關係，

某一種行為的改變不會引發另一種行為的連鎖變化，如此則可避免其中一種行為的改變導致其他行為的共變現象。因而挑選標的行為時宜事先探討其背後的行為動機，若動機不同，則獨立性高。

2. 型態類似：所有標的行為皆屬相同的型態或類別，如皆屬能力、技巧或習慣、癖好等相同的類型。尤有進者，除了類型外，動作的部位或範圍也需考量。舉例而言，若皆涉及相同的肢體動作，如出手打人、偷竊物品以及拉人頭髮等行為。

3. 情境相同：標的行為的觀察與評量，宜於相同的情境下進行，如皆在早上或下午，或都在學校或住家等。

三、研究倫理

㈠基本上，多基線設計因無倒返階段的安排，因此較少涉及研究倫理的議題。然而，本設計也有其潛在的限制。

㈡實施上，於跨行為多基線模式中，由於多項行為並非同時進入介入階段，而是一個接一個依序進入，因此容易造成部分基線過長的現象。基線過於冗長，常會引發受試者不當的情緒反應。

㈢研究者若想避免讓基線造成不必要的延長，務必有效地控制相關變項，同時選擇較易改變的行為優先介入。

參、實施步驟

一、選擇三種標的行為（如行為 A、行為 B 及行為 C），彼
　　此間功能獨立、型態類似。

二、同時進入基線階段，亦即在第一天或第一節，同時蒐集
　　所有標的行為的基線資料。

三、等到行為 A 的資料呈現穩定狀態，則該行為即可進入介
　　入階段，其餘（即行為 B 和 C）仍繼續進行基線評量。

四、當行為 A 的介入資料呈現穩定狀態，或已達預定的水
　　準，同時行為 B 的基線也呈穩定狀態或反治療趨向時，
　　則開始介入行為 B；惟行為 C 仍繼續留在基線階段。

五、若行為 B 的介入資料呈現穩定狀態，或已達預定的水
　　準，同時行為 C 的基線也呈穩定狀態或反治療趨向時，
　　則行為 C 開始進入介入階段。

六、待行為 C 的介入資料呈現穩定狀態，或已達預定的水準
　　時，則本實驗即可告一段落。

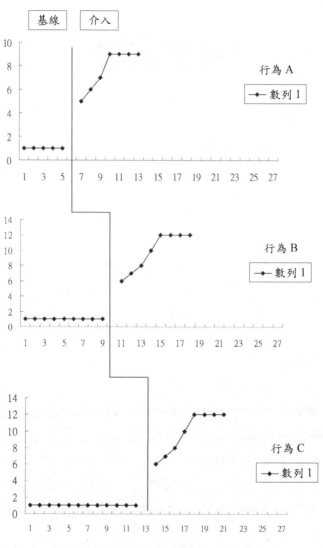

圖 6-2　跨行為多基線設計基本模式

肆、優／缺點

一、優點

㈠跨行為多基線也和其他多基線設計一樣，其最大的優點乃在於不必安排倒返活動，卻能透過其他基線資料的對照，而獲得倒返的作用。

㈡跨行為設計允許研究者畢其功於一役，能針對同一個案之多種相關行為同時進行處理，節省時間。

㈢跨行為設計能契合一般的自然情境，適用於教學與輔導的場合，可行性高（Barger-Anderson, Domaracki, Kearney-Vakulick, & Kubina, 2004）。

二、缺點

㈠標的行為的基本條件是功能獨立、型態類似。對某些個案而言，欲找到合乎此條件的三種行為，也許有些困難。

㈡鑑於多基線設計乃是對三種標的行為依序進入介入階段，因而可能導致第三種行為在基線階段可能會拖延過度，而造成受試者之不當反應，或引發不必要的混淆變項（Winn, Skinner, Allin, & Hawkins, 2004）。

伍、實例與評析

一、研究實例

　　於探討功能性評量之應用及高職階段中度智能障礙學生的工作社會技能相關研究中，宋明君（2003）選擇跨行為多基線設計，其研究對象為三名高職三年級中度智能障礙男生。自變項為介入方案，係經由形成假設及驗證假設的過程而發展出來的方案，共實施三十二次。依變項為工作社會技能，包括主動做事、輪流、與人合作、接受指導與糾正、主動相互幫忙以及主動請求協助等。部分結果如下：

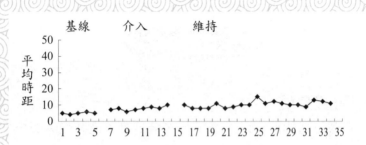

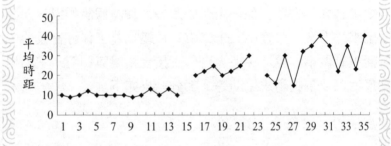

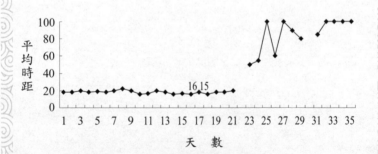

圖四　甲生介入方案平均時距數

二、研究評析

㈠基線資料的變化皆呈現相當穩定的水準與趨向，顯示研究者能有效地控制相關的研究變項。

㈡雖是跨行為多基線設計，但研究者能不厭其煩地安排三名受試者，能有效提高本研究的外在效度。

㈢縱軸的主刻度太大，又無副刻度，資料點的真實數值，很難評估，不利於進行視覺分析。

㈣介入二明顯延遲，致使行為二（嬉戲）的基線過長，理當於行為一經介入後達穩定狀態時，即可開始行為二的介入階段。

㈤行為二的維持階段呈現週期性變化，暗示著一些變項重複而持續地衝擊著研究過程，致使實驗結果的內在效度大打折扣。

㈥行為三的基線期顯然過於冗長，雖然曲線圖顯示並未影響基線階段的表現，但似乎引發測驗效應而影響介入結果，則不無可能。

㈦若改為跨行為多探試設計，也許結果是一致的，但至少可免除重複測驗所帶來的不良效應。

陸、結論

　　跨行為多基線可同時處理三種行為，適用的情境除了行為輔導外，也可用於課程教學，單節教學能實現多項行為或

單元目標，頗能符合自然情境的需求。然而，其主要的缺點可能在於相關標的行為的難求。其次，基線評量的不當延長，特別是最後一種行為，也可能影響其內在效度（Winn, Skinner, Allin, & Hawkins, 2004）。畢竟長時間對未講授的內容或未處理的行為，進行多次重複性的評量，對受試者而言，也有欠公允。

第三節

跨情境多基線設計

壹、前言

　　前兩節分別討論了跨受試與跨行為多基線，本節旨在探討跨情境多基線設計的應用。倘若對研究者而言，跨受試和跨行為均不可行，則仍有一個變項可以跨，那就是情境變項。或許大家對跨情境多基線設計較為陌生，事實上其出現率並不低，因為不少強調學習類化與遷移的教學研究，莫不以此設計為首選（Winn, Skinner, Allin, & Hawkins, 2004）。

貳、主要特性

一、適用情境

㈠在型態上，多基線係只有基線和介入兩階段，可以避免倒返實驗設計中的種種限制。

㈡在實施上，跨情境多基線相當適合特教教育或補救教學等範疇，因有助於達成學習類化及遷移等教學目標。

㈢在方式上，研究者可選擇若干相關的情境，例如在地點上可包括學校、家庭及職場，或在人員上可涵蓋學校教師、學生家長以及工廠老板等（Barger-Anderson, Domaracki, Kearney-Vakulick, & Kubina, 2004）。

二、內在效度

㈠研究者除需要安排三種不同的實驗情境（如圖6-3）外，其研究對象及標的行為皆相同。換句話說，係對相同的受試對象以及相同的標的行為，於不同的實驗情境中進行實驗。

㈡文獻顯示，在所有不同類型的多基線設計中，跨情境設計最易發生共變現象。因此研究者須慎重選擇實驗情境，以避免產生共變現象。

㈢為防範共變現象的發生，從而有效提升內在效度，實驗情境之選擇須符合下列原則：功能獨立但型態類似。前

者指彼此的同質性不宜過高，例如在不同的上課情境中，同屬語文課程的國文科和英文科，兩者具有較高的同質性，恐不宜列為跨情境設計中。後者指時空條件的差異不宜太大，以致對受試者的學習動機造成不同程度的衝擊。

三、研究倫理

㈠基本上，多基線設計涉及研究倫理可能性較低。然而，本設計也有其潛在的限制。

㈡實施上，若基線評量在某些情境中，呈現過於冗長現象，常會引發受試者不必要的情緒反應，也會造成不當的評量效應。

㈢研究者若要避免讓基線造成過度延長，務必有效地控制相關變項，同時在適當的時間點切進介入階段。必要時將較易介入的情境，安排在前，優先處理。

參、實施步驟

一、選擇三種實驗情境，彼此間功能獨立，但型態類似。

二、同時進入基線階段，亦即在第一天或第一節，同時在所有情境中蒐集標的行為的基線資料。

三、待情境 A 的資料呈現穩定狀態時，則該行為即開始進入介入階段，其餘則仍繼續留在基線階段。

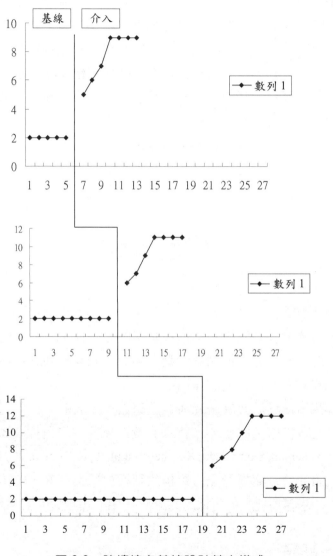

圖 6-3　跨情境多基線設計基本模式

四、若情境 A 的介入資料呈現穩定狀態或已達預定水準，同時情境 B 的基線也呈穩定狀態或反治療趨向，則情境 B 可開始進入介入階段；惟情境 C 仍繼續基線評量。

五、當情境 B 的介入資料呈現穩定狀態或已達預定水準，同時情境 C 的基線也呈穩定狀態或反治療趨向時，則情境 C 可開始進入介入階段。

六、待情境 C 的介入資料呈現穩定狀態，則本實驗即可告一段落。

肆、優／缺點

一、優點

㈠跨情境多基線也和其他多基線設計一樣，其最大的優點乃在於不必安排倒返活動，卻能透過其他基線資料的對照，而獲得倒返的作用。

㈡跨情境設計允許研究者在教學之外，尚能兼顧學習類化及遷移效果，此亦為特殊教育之重要教學目標（Barger-Anderson, Domaracki, Kearney-Vakulick, & Kubina, 2004）。

㈢研究者若能盡量配合學校的課程教學與進度，安排不同的學習情境，則所採用的跨情境設計也能接近自然情境。

二、缺點

㈠情境的選擇若要符合既定原則，恐非易事，因為基本上

很難判定是否功能獨立。

㈡至於型態類似則也不易把握，校內之教學情境往往過於同質，以致發生共變現象；校外之教學情境則常呈現太大的差異性，也不符研究設計的要求。

㈢跨情境多基線設計也是一個接一個依序進入介入階段，因而很可能最後一種情境的基線會拖得太長，而導致不當反應或甚至失去學習動機（Winn, Skinner, Allin, & Hawkins, 2004）。

伍、實例與評析

一、研究實例

採用跨情境多基線的研究委實不多，原因是與情境有關的因素不易有效控制，因而常導致共變現象。然而，在探討自閉症兒童社會行為之研究中，Soenksen 與 Alper（2006）大膽地採用跨情境多基線設計。研究對象為一名五歲男童，就讀一所附近的學前國小。當他在三歲時，即被診斷為過讀症（hyperlexia）。於上幼稚園之前，曾接受評量，發現他的閱讀能力已達小三的水準，然而其理解能力卻顯著較低。另外，其長處還包括啟蒙較早、多樣閱讀，以及能背誦迪士尼電影的對白。

教學情境為一所融合學校的普通班，教室配有四張方桌，在教室後方圍成 U 字形。前方有張圓桌，教師辦公桌則在教

室前方的另一角落。閱讀中心在教室後方的一個角落上，有書本以及枕頭。戲劇中心占據教室後方的另一角，有布偶舞台、布偶娃娃以及其他各式各樣的玩具，像是扮家家酒用的餐盤和食物等。班上有導師、教師助理以及 26 名其他同學。

在數學課中，學生參與各種教學活動，強調數學觀念（如數列，數字以及形狀等）。數學課的上課地點則分散在教室中各個角落。學生可以在課桌上或地板上完成作業；他們也從事黑板遊戲、電腦課程以及就地取材的活動。教師與助理在講解算數概念，與學生進行有關算數的對話。數學課被選為教學情境之一，主要原因在於課業的學習也提供不少同儕互動的機會。

聯課活動也在教室上，地點包括地板、電腦站、遊戲中心以及閱讀區等。學生可以自選活動項目（例如布偶、閱讀、一般遊戲以及團體活動等），以便能和同儕互動。不限於肢體的互動，同儕間的口語互動也會受到鼓勵和讚許。

下課時，學生可以利用各式各樣的遊戲器材或學校的活動場所，從事各項休閒活動。活動場所包含：(1)獨立的鞦韆架，有四張座椅；(2)獨立的氣象觀測台；(3)獨立的單槓架；以及(4)大型的活動區，包括溜滑梯、吊橋、滑竿、爬竿、攀爬架、水平梯以及單槓等。

自變項為書面與口語提示，套用在社會故事中，內容包括封頁及四頁的故事，如下表：

表1　社會故事以引起同儕的注意

頁碼	視覺提示（圖畫）	口語提示（與圖對照的文字）
1	兩位朋友站在一起	當我想對朋友講話時，先要引起他們的注意。
2	有人對別人講話	當我說出朋友的名字時，他應該看著我。如果他沒看著我，我可以再叫他一次。我的朋友可能很忙，所以我需要等一會兒。當我叫出朋友的名字時，他會很開心。
3	兩人對看著	當我站在朋友的面前，望著他時，他應回望我。這樣我才會開心，他也會開心。
4	一張笑臉	當老師看到我時，他也會感到高興。

　　依變項為15分鐘的時段內，研究對象嘗試去引起同儕注意的次數。具體地說，亦即當他和同儕說話時，他能：(1)說出對方的名字；或(2)注視對方的臉。更重要的，他必須表現適宜，才能記為正確反應，例如叫名時，須以適當的音調，而不能大呼小叫；注視同儕臉頰時，需要站在對方的正面，並正視他的臉頰。

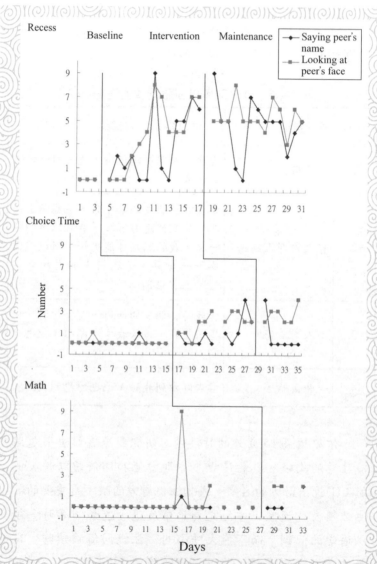

Figure 1. Frequency of saying peer's name and looking peer's face across recess, choice time and math settings

二、研究評析

㈠研究者對自變項進行詳細而具體地描述，同時對兩個依變皆能做操作性的界定，有助於提高其觀察者間信度。

㈡一般的多基線設計以跨三條基線為基本要求，也較為常見，本研究的依變項有二，因而套上跨情境多基線模式後，形成 2×3 條基線，可同時內在與外在效度。

㈢結果顯示研究者所安排的實驗情境相當適宜，除了在數學課呈現輕微的共變現象之外，其餘情境皆未出現。

㈣較為難能可貴的是，研究者安排了維持階段，以探究社會故事介入後的保留效果。

㈤整體而言，介入效果不如預期，事實上除了第一情境（即下課時間）效果較佳外，其餘兩種情境（聯課活動和數學課）則毫無成效可言。

㈥在下課時間標的行為確實出現了明顯的變化，然而在趨向上呈現極度的不穩定；顯然除了介入活動外，尚有其他混淆變項也同時在衝擊標的行為。

㈦在第二情境的介入時間點略為延遲，約可提早四天；結束日期則過於倉促，似可再延一兩天，待資料值呈現穩定狀態時，才考慮結束介入活動。

陸・結論

跨情境多基線需要安排多種不同的學習情境，若能選擇

適宜的情境，有助於特殊學生的學習類化或遷移。然而，欲找到三種不同且符合多基線原則的情境，可能相當費時耗事。其次，基線評量的延長，特別是最後一種情境，也可能影響研究效度（Winn, Skinner, Allin, & Hawkins, 2004）。畢竟長時間對未講授的課業或未處理的行為，進行重複性的評量，可能導致反效果。

第七章

多基線設計之變型

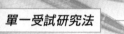

重要概念

一、多探試設計（Multiple Probe Designs）

多基線設計的主要缺點乃在於基線過於冗長，尤其是最後一條基線，容易產生負面的評量效應。為此，多探試設計因應而生，雖其基本架構與多基線設計初無二致；但在基線階段上採間歇性評量，減少了評量次數，也避免了不必要的負面效應。

二、變標準設計（Changing-Criteria Designs）

當研究者發現依變項的變化甚微（例如，課程過於艱深難學或行為已根深柢固不易改變）時，或許可改用變標準設計。透過階段目標的安排，逐步達成研究的最終目標。

三、延宕多基線（Delayed Multiple Baseline Designs）

若在研究過程中遇到重大的阻礙（例如受試者流失或行為選擇不當），往往致使研究被迫中斷；此時或可考慮改用延宕多基線，容許研究者一些彈性空間，隨時加入新的受試者或安排新的標的行為。

第一節

多探試設計

壹、前言

　　基本上，由於多基線是倒返設計的改良模式，因而若與後者相較，的確是優點多於缺點，至少倒返設計的諸多缺點在多基線中尚無法找到立足之點。然而，多基線設計也有一些不容輕忽的缺點，其最大的限制則為隨著基線數目的增加，必然導致部分基線時間的延長。基線的延長將無可避免地帶來若干負面的作用，甚至危及實驗的信度與效度等問題。多探試設計（multiple probe designs）乃是一種多基線的改良形式，旨在以間竭性取代連續性評量，以減少基線階段的評量次數，進而降低延長的基線所可能帶來的負向衝擊。

貳、主要特性

一、適用情境

　　(一)在型態上，多探試與多基線一致，皆為一系列的 A-B 設計，只涉及基線與介入，而無倒返階段的安排，因而適

用的情境並無嚴格的限制。

㈡在實施上，多探試也適用於日常情境，舉凡課程教學、技巧訓練、習慣養成、人格塑造，以及行為輔導等，皆可應用於本設計。

㈢在方式上，多探試和多基線設計一樣，皆允許研究者以小組、小班或小團體方式，進行課程教學或行為輔導，頗能符合自然情境之要求。

㈣在結構上，多探試設計與一般多基線設計無異，也可區分為跨受試、行為及情境等三種型態。

二、內在效度

㈠在多探試設計中，若研究對象或行為過多，則須進行分組，原則上分成三組以上，使其基線至少維持三條，以達到一定水準的內在效度。然而，組別也避免過多，以三至五組為限，否則意謂曲線過多、繪圖不易，徒增視覺分析的難度。

㈡與多基線一樣，為提高內在效度，所挑選的受試、行為與情境需符合下列原則（Winn, Skinner, Allin, & Hawkins, 2004）：

　1. 功能獨立、型態類似：所謂「功能獨立」意指相互獨立自主，不受彼此的影響，例如，受試甲不會因受試乙行為之改變而去模仿或學習對方，或行為 A 的變化不致影響行為 B 出現的頻率。至於「型態類似」意指其受試或行為之間，具有某種程度的同質性或相似性。由於上述變項的類似，推論出彼此間的學習需求亦為

接近，因而對相同的介入策略期能皆有反應。

2. 組內同質、組間異質：若是受試人數過多，需要加以分組，以便於繪圖分析。進行分組時，宜依循「組內同質、組間異質」的原則。若組內同質性高，則有助於進行資料分析，將一組當作一人來處理；若組間異質性高，則能提升該研究的外在效度，有助於研究結果的推論與類化。

3. 情境相同：合理的比較或參照須在相同的情境下進行，否則將失去比較意義或參照標準。因此，既然多探試設計中的基線主要係供比較與參照之用，其基線評量應於相同的情境下進行，例如相同的班別或年級，至少是相同的學校。換句話說，在跨受試多探試設計中的多名受試者，須為就讀同一所學校的同年級學生，最好都是同班同學。

(三)與一般多基線相較之下，其主要的差異乃在於多探試設計的基線階段不必持續不斷地評量，而改為間歇性或跳躍狀的探試，因而評量次數大為減少。然而，探試的類型可分為兩類：其一為點狀探試，即隔幾天後來一次探試，在曲線圖上呈現出非連續性的資料點。其二為線段探試，即每次探試時進行連續兩、三天／節，因而在曲線圖上出現的乃是非連續性的線段。

(四)至於點狀和線段，何者較佳？推究其實，各有利弊。點狀較為省事，但提供的參照資料較少；後者相反。建議：平時可選點狀探試，但在重要時機以採線段探試為宜。

(五)另一問題是：在實驗過程中，在哪些時間點上需要實施

探試性評量？探試時間點之掌握無疑的乃是整個實驗設計成敗的關鍵之一。一般而論，上一基線開始介入後，標的行為因而起了變化時，下一基線必須適時地實施探試性評量（最好是線段類型），俾能提供參照資料，旨在解讀行為變化的成因。

㈥另外，任一基線於結束而將轉為介入前，須進行連續性探試，方能確定其資料的穩定程度及趨向變化。

參、實施步驟

一、首先選擇適當的標行為，即可量化及可觀察的外顯行為。其次，對該行為作操性的界定。

二、如圖 7-1 顯示，選擇一種擬將跨越的變項類別（例如受試、行為或情境，以下以跨行為多探試為例），安排至少三種行為，彼此間合乎「功能獨立、型態類似」的原則。

三、三種行為同時進入基線階段，亦即在第一天或第一節，同時蒐集所有標的行為的基線資料。

四、接著對行為 A 進行連續性評量，待其資料呈現穩定狀態或已達預定水準時，則開始引進介入策略。當行為因而產生變化時，其餘基線須於此時進行探試評量，點狀或線段皆宜。若介入的行為已產生明顯的變化或呈現異常變化的趨勢，則其餘基線宜實施線段探試，以提供更充分的參照資料。

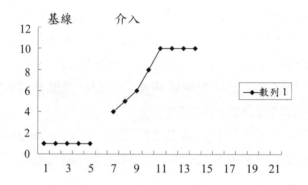

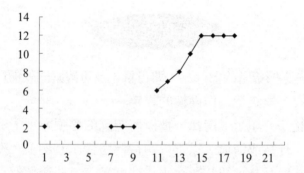

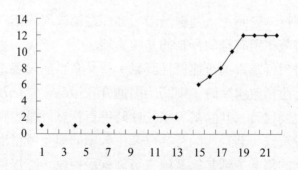

圖 7-1　多探試設計基本模式

五、當行為 A 的介入階段資料呈現穩定狀態或已達預定水準，開始對行為 B 進行連續性評量；待其資料呈穩定狀態或反治療趨向時，則引進介入策略。介入後當行為因而出現變化時，行為 C 須適時地進行探試；之後，繼續進行其間歇性之基線評量。

五、當行為 B 的介入階段資料呈現穩定狀態或已達預定水準，開始對行為 C 進行連續性評量，待其資料呈穩定狀態或反治療趨向時，則行為 C 開始引進介入策略。

六、當行為 C 的介入資料呈現穩定狀態或達預定水準，則本實驗活動即可告一段落。

肆、優／缺點

一、優點

㈠多探試設計也和多基線設計一樣，其主要的優點乃在於不必安排倒返階段，卻能透過其他基線資料的對照之下，實質上獲得倒返的作用。

㈡其次，與多基線設計不同的是，多探試設計的基線雖長，但因實施間歇性評量，減少了其中的評量次數，因而降低了過多評量所帶來的負面效應。

㈢基線評量的次數減少，可以避免研究倫理上不必要的爭議，從而提高研究的可行性，也更能獲得學生的接受及家長的認同。

二、缺點

㈠多基線變型也或多或少具有原型設計的限制,多探試設計也不例外,例如項目的選擇若要符合既定原則,亦即既要功能獨立又得形態類似,實非易事,特別是前者,因為基本上其功能是否獨立,很難判斷。

㈡其次,間歇性評量實質上減少了評量次數,雖然可以防範不良的評量效應,但也浮現潛在的缺點。例如降低其基線評量的信度,因為被跳過的資料點只能以推估的方式,來揣測其資料值。

㈢若研究者未能在適當的時機進行探試,則欠缺參照資料點,勢必損及其內在效度。

伍、實例與評析㈠:跨受試

一、研究實例

在一項採用鷹架策略針對國中階段啟智班學生進行自我保護之教學課程之研究中,陳曉薇(2004)藉多探試設計以呈現其教學成效。研究對象為四名國中中度智能障礙男生。

自變項為使用鷹架策略之教學活動設計。旨在探討鷹架策略用於教導中度智能障礙學生「自我保護知識」之學習成效。教學活動係依據「家庭生活/健康教育」教材中「自我保護」單元之大綱,設計各單元之教學活動設計。教學活動

設計共分十四單元，採用鷹架策略，依步驟分別為：(1)設定情境；(2)使用教學主題圖；(3)提出問題；(4)強調並複習舊資訊；以及(5)重述或摘要。

依變項係指實施鷹架策略之教學後，受試者在自我保護知識上的學習表現。包含以下：(1)自我保護知識之學習成效：係指受試者在自編自我保護知識學習測驗之答對率。該測驗係根據教學單元內容編製，依各單元難易度，題目分成1分、3分、4分三種難度，總分100分；(2)自我保護知識之學習維持成效：係指受試者在自編自我保護知識維持測驗之答對率。該測驗之編製與自編自我保護知識學習測驗相同，盡量控制為難度一致。使用自我保護知識維持測驗施測，以了解受試在維持期的學習表現。其部分結果如下：

在基線期、實驗處理期及維持期之答對率曲線圖分析

接受教學處理的三位受試（甲、乙、丙），在基線期、實驗處理期進行「自我保護知識（學習）測驗」的施測，而在維持期則進行「自我保護知識（維持）測驗」的施測，以其在測驗各題答對的答案數（1個、2個、3個或4個）乘以該題配分（1分、3分或4分題），即為該題得分，二十題之得分除以總分100分，乘以百分比，則為該測驗之答對率。另外，未進行教學處理，僅參與評量的受試丁，其測驗所得資料點，亦繪成曲線圖，提供實驗對照。

本研究將四位受試之測驗答對率繪成曲線圖4-1，以下就圖4-1「受試者在基線期、實驗處理期及維持期之自

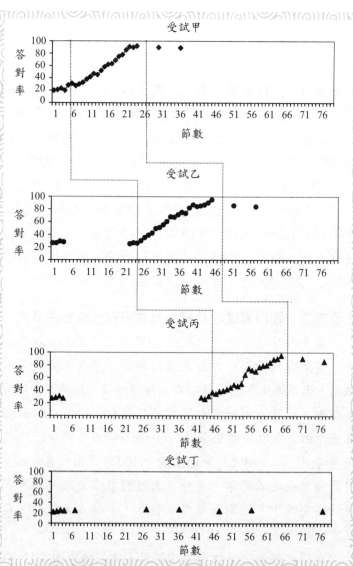

圖 4-1　受試者在基線期、實驗處理期及維持期之自我保護知識
（學習、維持）測驗答對率分布圖

我保護知識（學習、維持）測驗答對率分布圖」，分別
說明受試者在各階段的表現情形。

一、受試者在各階段內的視覺分析結果

表 4-1 為「受試者在各階段內的視覺分析結果摘要
表」。以下分別敘述三位受試之資料。

(一)受試甲

受試甲在基線期的水準範圍從 20 到 23，趨勢及水
準均屬穩定，基線期中第一次測驗答對率為20，最後一
次也是20，因此水準變化為0。

進入實驗處理期之後，受試甲的表現趨勢持續向上
提高，顯示其測驗答對率逐漸增加，但穩定性不夠
（20%）；受試甲在實驗處理期的表現水準為56.85%（即
平均答對率），比基線期的21%高出許多，但是不夠穩
定（20%）；實驗處理期中，答對率最低者為 28%，最
高為92%，因此水準範圍從 28%到92%；處理期中第一
個資料點是 28，最後一個資料點是 92，因此水準變化
為+64。對照圖4-1的資料，可以看出受試甲在鷹架策略
的教學處理一介入後，其測驗的答對率立即有小幅度增
加，此後亦呈現逐漸增加的情形，偶有答對率滑落的狀
況發生，但滑落幅度不大，且接著便再呈現向上攀升，
顯示其測驗的表現保持在穩定的成長。且此階段的第一
個資料點正好是最低點，最後一個資料點正好是最高點。

接著在維持期，受試甲的趨勢及水準均呈現穩定，
在測驗的答對率平均為89.5%，其水準範圍在89到90之

間。維持期第一個資料點是89,最後一個資料點為90,
因此水準變化為-1。

表4-1 受試者在各階段內的視覺分析結果摘要表

階段順序	受試甲			受試乙			受試丙		
	A1	B2	C3	A4	B5	C6	A7	B8	C9
階段長度	4	20	2	7	20	2	7	20	2
趨勢預估	╱	╱	╲	╱	╱	╲	╲	╱	╲
趨勢穩定	穩定100%	變動20%	穩定100%	穩定100%	變動35%	穩定100%	穩定100%	變動20%	穩定100%
表現水準	21	56.85	89.5	26.71	66.25	85	29	63.05	88
水準穩定	穩定100%	變動20%	穩定100%	穩定100%	變動30%	穩定100%	穩定100%	變動15%	穩定100%
水準範圍	20~23	28~92	89~90	25~29	30~95	84~86	27~31	37~95	86~90
水準變化	20-20 0	28-92 +64	90-89 -1	26-26 0	30-95 +65	86-84 -2	28-31 +3	37-95 +58	90-86 -4

註:1.「階段順序」中,A代表基線期,B代表實驗處理期,C代表維持期。
   2.「階段長度」指上課節次,即資料點數。
   3.「表現趨勢」表示趨勢上升或下降。
   4.「表現水準」指各階段的答對率平均數。
   5.「趨勢穩定」與「水準穩定」兩係數均以85%為基準,85%以上為穩定,85%以下為變動。
   6.「水準範圍」是指該階段內的資料點最小值與最大值。
   7.「水準變化」指該階段內第一個資料點與最後一個資料點之差距。

(二)受試乙

　　受試乙在基線期的水準範圍從 25 到 29，趨勢及水準均屬穩定，基線期中第一次測驗答對率為 26，最後一次也是 26，因此水準變化為 0。

　　進入實驗處理期之後，受試乙的表現趨勢持續向上提高，顯示其測驗答對率逐漸增加，但穩定性不夠（35%）；受試乙在實驗處理期的表現水準為 66.25%（即平均答對率），比基線期的 26.71% 高出許多，但是不夠穩定（30%）；實驗處理期中，答對率最低者為 30%，最高為 95%，因此水準範圍從 30% 到 95%；處理期中第一個資料點是 30，最後一個資料點是 95，因此水準變化為+65。對照圖 4-1 的資料，可以看出受試乙在鷹架策略的教學處理一介入後，其測驗的答對率立即有小幅度增加，此後亦呈現逐漸增加的情形，偶有答對率滑落的狀況發生，但滑落幅度不大，且接著便再呈現向上攀升，顯示其測驗的表現保持在穩定的成長。且此階段的第一個資料點正好是最低點，最後一個資料點正好是最高點。

　　接著在維持期，受試乙的趨勢及水準均呈現穩定，在測驗的答對率平均為 85%，其水準範圍在 84 到 86 之間。維持期第一個資料點是 86，最後一個資料點為 84，因此水準變化為-2。

(三)受試丙

　　受試丙在基線期的水準範圍從 27 到 31，趨勢及水準均屬穩定，基線期中第一次測驗答對率為 28，最後一

次是 31，因此水準變化為 +3。

　　進入實驗處理期之後，受試丙的表現趨勢持續向上提高，顯示其測驗答對率逐漸增加，但穩定性不夠（20%）；受試丙在實驗處理期的表現水準為 63.05%（即平均答對率），比基線期的 29% 高出許多，但是不夠穩定（15%）；實驗處理期中，答對率最低者為 37%，最高為 95%，因此水準範圍從 37% 到 95%；處理期中第一個資料點是 37，最後一個資料點是 95，因此水準變化為 +58。對照圖 4-1 的資料，可以看出受試丙在鷹架策略的教學處理一介入後，其測驗的答對率立即有小幅度增加，此後亦呈現逐漸增加的情形，偶有答對率滑落的狀況發生，但滑落幅度不大，且接著便再呈現向上攀升，顯示其測驗的表現保持在穩定的成長。且此階段的第一個資料點正好是最低點，最後一個資料點正好是最高點。

　　接著在維持期，受試丙的趨勢及水準均呈現穩定，在測驗的答對率平均為 88%，其水準範圍在 86 到 90 之間。維持期第一個資料點是 90，最後一個資料點為 86，因此水準變化為 −4。

二、受試者在相鄰階段間變化的視覺分析結果

表4-2　受試者在相鄰階段間變化的視覺分析結果摘要表

	受試甲		受試乙		受試丙	
階段比較	B_2/A_1 （2：1）	C_3/B_2 （3：2）	B_5/A_4 （2：1）	C_6/B_5 （3：2）	B_8/A_7 （2：1）	C_9/B_8 （3：2）
趨向走勢的 變化與效果	／　／ 無變化	＼　／ 負向	＼　／ 正向	／　＼ 負向	＼　／ 正向	／　＼ 負向
趨勢穩定性 的變化	穩定到 變動	變動到 穩定	穩定到 變動	變動到 穩定	穩定到 變動	變動到 穩定
水準的變化	20-28 +8	92-90 −2	26-30 +4	95-86 −9	31-37 +6	95-90 −5
重疊百分比	0%	100%	0%	100%	0%	100%

註：1.A代表基線期，B代表實驗處理期，C代表維持期。
　　2.「水準的變化」是指前一階段的最後一個資料點，與後一
　　　階段的第一個資料點之間的差。
　　3.「重疊百分比」是指後一個階段的資料點中，落入前一個
　　　階段資料點範圍內的比率。

（一）受試甲在相鄰階段間變化的視覺分析結果

　　由表4-2可得知，受試甲在基線期到實驗處理期的
表現趨勢由上升走向上升，其測驗的答對率有逐漸增加
的狀況。受試甲在基線期進入實驗處理期的階段間變化
為8，即基線期最後一個資料點為20，實驗處理期的第
一個資料點為28，答對率的差距是8%。表現水準的重

疊百分比為 0%，表示實驗處理對於提高受試甲的表現水準很有效果，且一介入立即提高其表現。

　　受試甲的實驗處理期到維持期的表現狀況，其趨向從上升到下降，顯示其在測驗的答對率從處理期的逐漸增加，到維持期撤除教學處理之後，有略微下滑的趨勢。受試甲在處理期進入維持期的階段間變化為 −2，即從實驗處理期最後一個資料點 92，到維持期第一個資料點 90，其答對率相距 2%。實驗處理期和維持期的資料點重疊率為 100%，顯示教學處理的效果在維持期能繼續保持。

㈡受試乙在相鄰階段間變化的視覺分析結果

　　由表 4-2 可得知，受試乙在基線期到實驗處理期的表現趨勢由下降走向上升，其測驗的答對率有逐漸增加的狀況，顯示出正向的處理效果。受試乙在基線期進入實驗處理期的階段間變化為 4，即基線期最後一個資料點為 26，實驗處理期的第一個資料點為 30，答對率的差距是 4%。表現水準的重疊百分比為 0%，表示實驗處理對於提高受試乙的表現水準很有效果，且一介入立即提高其表現。

　　受試乙的實驗處理期到維持期的表現狀況，其趨向從上升到下降，顯示其在測驗的答對率從處理期的逐漸增加，到維持期撤除教學處理之後，有略微下滑的趨勢。受試乙在處理期進入維持期的階段間變化為 −9，即從實驗處理期最後一個資料點 95，到維持期第一個資料點 86，其答對率相距 9%。實驗處理期和維持期的資料點重

疊率為100%，顯示教學處理的效果在維持期能繼續保持。

㈢受試丙在相鄰階段間變化的視覺分析結果

由表 4-2 可得知，受試丙在基線期到實驗處理期的表現趨勢由下降走向上升，其測驗的答對率有逐漸增加的狀況，顯示出正向的處理效果。受試丙在基線期進入實驗處理期的階段間變化為 6，即基線期最後一個資料點為31，實驗處理期的第一個資料點為37，答對率的差距是 6%。表現水準的重疊百分比為 0%，表示實驗處理對於提高受試丙的表現水準很有效果，且一介入立即提高其表現。

受試丙的實驗處理期到維持期的表現狀況，其趨向從上升到下降，顯示其在測驗的答對率從處理期的逐漸增加，到維持期撤除教學處理之後，有略微下滑的趨勢。受試丙在處理期進入維持期的階段間變化為−5，即從實驗處理期最後一個資料點 95，到維持期第一個資料點90，其答對率相距5%。實驗處理期和維持期的資料點重疊率為100%，顯示教學處理的效果在維持期能繼續保持。

綜合上述視覺分析的結果來看，三位受試在基線期的答對率不一（受試甲 20%~23%、受試乙 25%~29%、受試丙28%~31%），顯示其起點行為略有差距；進入實驗處理期之後，三位受試在自我保護知識學習測驗的答對率上，均明顯增加，且大致呈現穩定的狀態。受試甲、乙在實驗處理過程中，其測驗答對率上升幅度明顯，偶有幾次滑落，但很快即再上升，最後分別獲得92%、95%

的答對率，表示教學處理效果明顯，且表現良好；受試
丙的測驗答對率一開始呈現較（受試甲、乙）緩慢的幅
度，但在處理期後半段爬升稍快，最後獲得的答對率為
95%，顯示教學處理之效果頗明顯，且受試表現良好。

二、研究評析

㈠最顯而易見的優點在於研究者安排四名受試對象，一方
面可以防範受試者流失所引致的困擾，二方面也可擴及
本研究的外在效度。

㈡雖然第四名受試者未安排介入活動，自始至終只扮演控
制組的角色，然其基線資料可充分對照其他所有受試者
的介入資料，因而能有效提升內在效果。

㈢受試乙和丁的基線探試資料嫌少，事實上除基線起點及
終點外，中間未見何資料，無法有效地對照他人介入後
的行為變化。

㈣Y軸的刻度太大，不易真實地反映行為的變異量；同時
因只有主刻度而無副刻度，也有礙於資料的視覺分析。

陸、實例與評析㈡：跨行為

一、研究實例

在一篇探討互動式多媒體故事教學對多重障礙兒童的識字成效中，Hetzroni 和 Schanin（2005）同時採用跨行為多探試及跨受試變標準設計，本文暫只評析前者。研究對象為五名具有語障及肢障的多重障礙學童。其基本資料如下表：

表一　受試參與不同實驗設計說明與基本資料

姓名	莎朗	瑪莉	丹	安	厄爾
研究設計	跨行為多試探設計	跨受試變標準設計			
來源場所	電腦中心內的學生	學校場所			
年紀	5 歲	6 歲	7 歲	8 歲	8 歲
接收性口語	正常				
表達性語言	程度上限制				
視、聽覺	正常				
動作	程度上限制				

自變項為圖畫故事，研究者將故事 "The Five Balloons"（written by Miriam Roth）（共三十頁）的圖畫分別呈現在十五頁的電腦螢幕上。這十五張圖畫與不同詞性的關鍵字，及描述該圖畫內容的文本同時出現，學生隨著故事情節一頁一

頁地閱讀，同時將與圖畫配對的字詞從文本中標示出來。此外，當學生按下選擇鍵進入該頁後，會聽到事先錄好的每頁圖畫之文本。由於「跨行為多探試」實驗有五個探試，因此研究者把這十五張圖畫複製成五份，每份作為一個實驗探試材料。這五份複製探試的字詞之功能相互獨立（分別為文本中不同的字詞），但配對字的詞性控制為相同，故每一組探試內含五種詞性的字（如下表），最後統計考驗各字間的難度無顯著差異。

Table 1. Translation[a] of the five sets of highlighted words used in the story

Sets	Ver[b]	Ver[b]	Boun	Name	Color
Set I	Happy	Tear	Father	Alon	Green
Se tII	Explode	Hug	Gift	Uri	Yellow
Set III	Blow	Fly away	Mother	Ruti	Purple
Set IV	Catch	Grab	Balloon	Ron	Blue
Set V	Throw	Afraid	Head	Sigalit	Red

a Words may translate differently or seem longer than in Hebrew.
b All verbs presentes were in past tense.

實驗設計為跨行為多探試設計，其中在：(1)基線階段分為無故事線索及有故事線索。前者係指無圖畫情境探試，十個探試字詞（混合兩組、隨機呈現）；後者為有故事線索（透過看圖的方式先讀一次故事的內容），無圖畫情境探試，其目的在於探討在有故事但無文字的狀態下，是否能幫學童習得字詞；(2)介入階段，首先介入字組一，其餘字組二至五作

跨行為多試探設計：

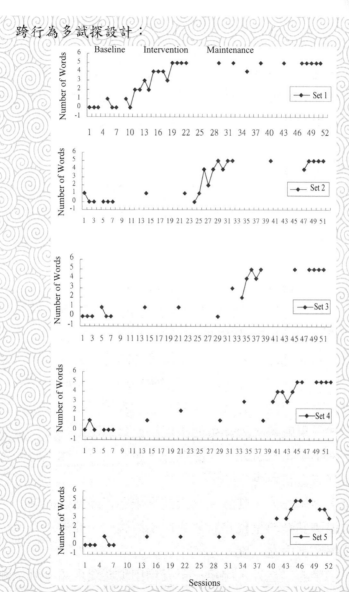

Figure 1.　Number of words by Sharon across 5 sets of words

為參照標準,均仍留在基線階段繼續探試。其頻率為每介入五次探試一次,待字組一呈現穩定狀態,即三次介入學習中有兩次達完全學會後,接著介入字組二。此時字組一、三至五等皆作為參照標準,待字組二呈現穩定狀態後,開始介入字組三,依此進行,直至完成字組五的介入。

二、研究評析

㈠在一篇研究中,分別對不同的研究目的採用兩種實驗設計——跨行為多探試與跨受試變標準設計,具有相輔相成的作用。

㈡介入時間點選擇適切,均能在前一介入結果呈現穩定狀態之後才進行,有助於內在效度的提升。

㈢介入效果良好,五組單字的教學均達百分百的學習成效。雖然立即效果不甚明顯,特別是字組二、三及五。

㈣除了介入階段,研究者也安排維持階段,且資料顯示除了字組五外,其餘字組的保留效果均相當良好。

㈤探試點採用固定方式,即每介入五次,探試一次,此種方式效果較差,因為可能出現缺乏參照點的現象;事實上除了字組三之外,其餘在介入後造成行為變化時,皆無基線資料可供參照。

㈥除了字組一外,其餘在介入前均未進行連續性的評量,更遑論其資料呈穩定狀態或反治療趨向,此舉或多或少將損及其內在效度。

㈦除了字組二之外,字組三至五均出現共變現象,雖然幅度有限,但也足夠危及其內在效度。

柒、實例與評析㈢：跨情境

一、研究實例

在多基線或多探試設計型態中，雖然有三種跨法：跨受試、行為以及情境，然而研究者多半優先選擇跨受試或行為，鮮少考量跨情境，原因是情境之間的差異性較少，因而共變現象乃成為不可避免的宿命。在一篇針對自閉症兒童應用自然情境教學之研究中，林玉芳（2005）大膽採用跨情境多探試設計，效果相當理想，曲線非常完美，並未見預期的共變現象。

㈠自變項

自變項為自然環境教學，自然環境教學包含許多的技巧及策略，強調以學習者為中心，注重教學互動及運用自然的教學情境。自然環境教學的介入，採用示範、提示－示範、延宕等三項教學策略，並同時配合環境的安排。至於隨機教學的策略，受限於本研究中二位個案的主動性相當低，以及口語程度較差，故不使用隨機教學策略。

1. 提示－示範

由教學者起始的學習活動，在自然情境下，呈現受試感興趣的實物或活動，並給予相關的提示或指令，再延宕等待受試的反應。若受試反應正確，立即給予增強及回饋；若反應錯誤，則再依序給予示範（口語）、提示－示範或示範（圖

片或字卡），或同儕的示範教學。

2.時間延宕

在應該溝通的情境中，受試沒有反應或反應錯誤時，不直接給予他提示或示範，而是等待一段時間，讓受試有學習主動溝通的機會。若受試經由延宕後反應正確，則給予增強及教導內容的擴充。若受試的反應不正確時，則依序提供示範、提示－示範或示範（圖片或字卡），或同儕的示範教學等策略教導受試。

3.示範

尋找受試感興趣的內容，由教學者提供正確的溝通方式，說出句子讓受試模仿或複誦。若受試反應正確，則給予增強及回饋；若受試反應錯誤，則再依序給予提示——示範或示範教學（圖片或字卡），或請同儕來進行示範教學，讓受試可經由觀看同儕的示範而理解及模仿。

4.環境安排

透過環境的安排、教材教具的選用，及適時的安排同儕間的溝通行為，都能夠增進受試的溝通意圖。以下是實際採用的環境安排策略：(1)提供吸引受試的物品或活動。如：將有趣的遊樂器具放在桌上，引發受試想玩的動機；(2)創造出受試需要被協助的情境。如：故意將物品放在受試看得到卻拿不到的地方；(3)違反常理或例行工作的情境。如：進行輪流的活動時故意跳過受試；(4)稍微不配合或疏忽受試。如：當受試以直接動作或手勢來表達需求時，故意當作沒看到；(5)製造學生不滿足的情境。如：呈現的物品不夠充分或不齊全；(6)提供選擇的機會。如：讓受試選擇要玩哪一種玩具、

換什麼獎品。上述策略都能鼓勵受試出現溝通的行為。

(二)依變項

本研究的依變項為自閉症學生的自發性語言，包括出現自發性語言的正確率（次數百分比）、主動溝通及被動回應的自發性語言占口語表達比例的變化、主要溝通類型的變化。

1. 出現自發性語言的正確率

不論是被動回應或主動溝通的自發性語言，只要受試所說的內容正確，符合情境並能完整表達溝通意圖，就算為出現一次自發性語言。將觀察時間內自發性語言的次數除以觀察時間內所有的溝通行為次數，再乘上 100%，就是出現自發性語言的正確率。

自發性語言的記次標準如下：

(1)主動溝通的自發性語言：指個案主動且符合情境的口語表達。例如：在午餐後，個案主動說出：「老師，我吃飽了！」

(2)被動回應的自發性語言：指針對他人的問話，個案能夠正確的以口語回答。或當個案沒有口語反應，而以直接動作、手勢、目光注視等其他溝通方式來進行溝通，超過了延宕時間後，經由旁人的提示，個案能夠正確的以口語表達自己的意思。例如：個案看著老師超過六秒，老師詢問：「吃飽後要做什麼呢？」個案回答：「我要去洗便當盒。」

下列情形則不記為正確的自發性語言：

(1)在教師示範或同學示範後個案出現的口語，則屬於仿說。例如：老師說：「你要說『我要去洗便當盒』」，

個案跟著說：「我要去洗便當盒。」

(2)個案口語表達的內容不符合情境、說的不完整或僅只有發聲，則記為錯誤的口語。例如：個案說：「老師」而未再繼續說完整。

2.主動溝通及被動回應的自發性語言，占所有口語表達比例的變化

分別計算觀察時間內主動溝通的自發性語言，及被動回應的自發性語言，在所有口語表達（包括主動、被動自發性語言，以及主動、被動的錯誤口語）次數中所占的比例。依據時間的先後，推算出其變化的趨勢。

計算的方式如下，主動自發性語言占口語表達的比例為：將觀察時間內主動自發性語言的次數除以觀察時間內合計的口語表達次數，再乘上100%；被動自發性語言占口語表達的比例則為：將觀察時間內被動自發性語言的次數除以觀察時間內合計的口語表達次數，再乘上100%。

3.主要溝通類型的變化

經由實際觀察個案的溝通行為，本研究將溝通類型分為自發性語言（包含主動、被動）、錯誤的口語（包含主動、被動）、仿說、直接動作、手勢、走近等待、目光注視及發呆不會反應這八種類型。分別計算觀察時間內各項溝通類型在所有溝通次數中所占的比例，依據時間的先後，推算出個案主要的溝通類型是否有變化。

㈢結果與分析

一、午餐情境自發性語言的資料分析

㈠基線期

　　個案甲過去在午餐情境中，常是自己一人默默吃飯，吃飽飯後，所有的刷牙、洗臉、倒廚餘等行為也都是自己直接動作，很少有和他人溝通的機會。若有需要表達或尋求協助時，有時會以動作或眼光來表示，鮮少使用自發性語言來溝通。

　　從圖4-1及表4-1可知，甲生在午餐情境未介入教學前，自發性語言的正確率介於14.3%到16.7%之間，趨向穩定、水準穩定均達 100%，顯示此階段資料呈穩定狀態。水準變化為16.7%～14.3%（－2.4%），平均水準為15.87%。再由表4-3可得知，經 C 統計分析的結果 Z 值為 0.7071（p ＞.05），未達顯著差異水準，顯示基線期資料沒有顯著差異。

　　由以上分析可知，個案甲在午餐情境自發性語言的正確率已達穩定狀況，因此可以介入自然環境教學。

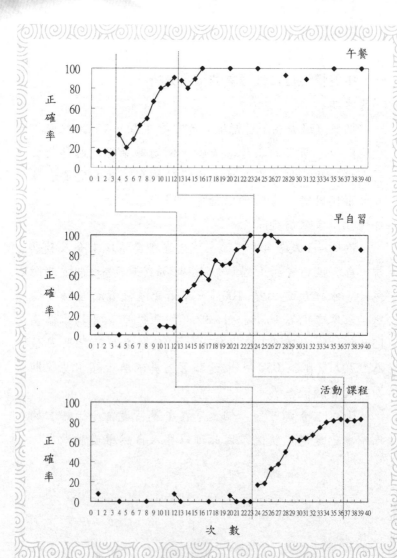

圖 4-1　個案甲自發性語言百分比曲線圖

表4-1　個案甲自發性語言階段內資料摘要表

	午餐			早自習			活動課程		
	A_1	B_1	A'_1	A_2	B_2	A'_2	A_3	B_3	A'_3
階段長度	3	9	10	6	11	7	10	13	3
趨向預估	＼	／	／	—	／	＼	—	／	／
趨向穩定性	100%穩定	67%多變	70%多變	100%穩定	91%穩定	86%穩定	100%穩定	77%多變	100%穩定
水準穩定性	100%穩定	11%多變	90%穩定	100%穩定	27%多變	71%多變	100%穩定	8%多變	100%穩定
水準範圍	14.3~16.7	20~90.9	80~100	0~9.1	34.4~100	84.6~100	0~7.7	16.7~83.3	81.3~83.3
水準變化	16.7-14.3 −2.4	33.3-90.9 +57.6	87.5-100 +12.5	8.7-7.7 −1.0	34.4-100 +65.6	84.6-85.7 +1.1	7.7-0 −7.7	16.7-83.3 +66.6	81.3-83.3 +2.0
平均水準	15.87	55.08	93.86	6.83	66.81	91.00	2.16	56.26	81.94

說明：A_1、A_2、A_3為基線期；B_1、B_2、B_3為介入期；A'_1、A'_2、A'_3為維持期。

表4-2　個案甲自發性語言階段間資料摘要表

	午餐		早自習		活動課程	
階段比較	B_1/A_1 (2：1)	A'_1/B_1 (3：2)	B_2/A_2 (2：1)	A'_2/B_2 (3：2)	B_3/A_3 (2：1)	A'_3/B_3 (3：2)
趨向方向與效果變化	＼／ 正向	／／ 正向	—／ 正向	／＼ 負向	—／ 正向	／／ 正向
趨向穩定	穩定到多變	多變到多變	穩定到穩定	穩定到穩定	穩定到多變	多變到穩定
水準變化	14.3-33.3 +19.0	90.9-87.5 −3.4	7.7-34.4 +26.7	100-84.6 −15.4	0-16.7 +16.7	83.3-81.3 −2.0
重疊百分比	0%	40%	0%	100%	0%	100%

說明：A_1、A_2、A_3為基線期；B_1、B_2、B_3為介入期；A'_1、A'_2、A'_3為維持期。

表 4-3　個案甲自發性語言 C 統計摘要表

情境	階段	n	C	Sc	Z
午餐	A_1	3	0.2500	0.3536	0.7071
	B_1	9	0.9049	0.2958	3.0592**
	A'_1	10	0.5259	0.2843	1.8500*
	B_1/A_1	12	0.9212	0.2644	3.4837**
	A'_1/B_1	19	0.9428	0.2173	4.3387**
早自習	A_2	6	−0.1262	0.3381	−0.3734
	B_2	11	0.8643	0.2739	3.1560**
	A'_2	7	0.4036	0.3227	1.2504
	B_2/A_2	17	0.9463	0.2282	4.1466**
	A'_2/B_2	18	0.8783	0.2226	3.9461**
活動課程	A_3	10	−0.1557	0.2843	−0.5477
	B_3	13	0.9453	0.2559	3.6941**
	A'_3	3	0.2500	0.3536	0.7071
	B_3/A_3	23	0.9731	0.1994	4.8795**
	A'_3/B_3	16	0.9556	0.2343	4.0784**

說明：1.A_1、A_2、A_3 為基線期；B_1、B_2、B_3 為介入期；A'_1、A'_2、A'_3 為維持期。

　　　2.n 代表階段長度。

　　　3.*p<.05，**p<.01。

(二)介入期

　　從圖 4-1 及表 4-1 可知，個案甲在午餐情境介入自然環境教學後，自發性語言的正確率介於 20%到 90.9%之間，趨向穩定性為 67%呈現多變，趨向預估為進步。水

準變化為 33.3%～90.9%（+57.6%），平均水準為 55.08%，比未教學前進步 39.21%。再經由 C 統計分析可得知（表4-3），此階段 Z 值為 3.0592（p＜.01），達顯著差異水準，顯示介入期資料有顯著差異。從上述資料顯示，甲生在午餐情境介入自然環境教學後，使用自發性語言的正確率有顯著的增加。

　　比較基線期、介入期兩階段間的變化（表4-2），趨向方向朝進步方向，趨向穩定為從穩定到多變，水準變化為+19.0%，重疊百分比為 0%。以上結果顯現自然環境教學對提高甲生在午餐情境的自發性語言正確率很有效果。再由 C 統計考驗的結果（表4-3），B_1/A_1 階段的 Z 值為 3.4837（p＜.01），達顯著差異。

　　上述資料表示從基線期到介入期，個案甲出現自發性語言的正確率呈現顯著增加的情形。

㈢維持期

　　在維持期中，根據圖4-1及表4-1，甲生自發性語言的正確率介於 80%到 100%之間，趨向預估為進步，趨向穩定為 70%呈現多變，水準穩定達 90%呈現穩定，水準變化為 87.5%～100%（+12.5%），平均水準為 93.86%，比介入期增加 38.78%。再經由 C 統計分析可得知（表4-3），此階段 Z 值為 1.8500（p＜.05），顯示維持期資料有顯著差異。以上資料均顯示，甲生在午餐情境維持期的自發性語言正確率有增加的現象，並達到維持的效果。

從介入期到維持期表現的趨勢仍朝著進步的方向，趨向穩定性從多變到多變，水準變化為−3.4%，重疊百分比為40%（表4-2）。以上結果顯示出在撤除教學後，雖然一開始有正確率下降的情形，但隨著時間的增加，自發性語言的正確率能維持在穩定的水準之上，並有繼續增加的情形。再由 A'_1/B_1 階段間 C 統計考驗的結果（表4-3），Z 值為 4.3387（p < .01），達顯著差異，表示介入期的效果在維持期仍繼續存在。

由上述資料可知，教學實驗的效果在維持期時能持續展現。

綜合以上的分析結果，個案甲在午餐情境的自發性語言正確率，在基線期呈現穩定的狀態，到了介入期有顯著的進步，在維持期仍持續呈現增加，並有維持的效果。

二、研究評析

㈠實驗期間長達 40 個節次，基線也超過 21 個節次，研究者能正確地選擇多探試設計，有效地減少不必要的評量。

㈡基線階段的評量資料，其特性多呈現「水準低、穩定高」的趨勢，意謂研究者能有效地控制相關變項。

㈢介入效果明顯，階段內的資料趨向皆能呈現一定程度的穩定百分比，階段間的水準變化（即立即效果）也相當明確，重疊百分比則更低。

㈣由於階段間的水準變化頗大，導致曲線圖之縱軸刻度過大，不利於進行視覺分析。

㈤探試點之間隔適中，同時在介入前出現連續性的探試，待其呈現穩定狀態後才開始介入，因此所觀察的行為變化具有明確的內在效度。

㈥然而，部分的探試時點有待商榷，當前一情境中的行為開始進入介入階段而呈現變化時，後一情境並未出現探試評量，如此介入中的資料點即缺可參照的基線資料，無法充分解讀導致行為變化的成因。

㈦理想上，縱軸的刻度 "0" 宜往上提升，而非在原點上，否則 0 水準資料點皆落在橫軸上，造成重疊現象。

捌、結論

多探試設計因實施間歇性評量，減低了冗長的基線所造成的衝擊，似可解決多基線設計的主要缺點。然而，多探試設計也有其潛在的限制，例如，因評量次數的減少而降低了基線的對照作用。若能在關鍵的時間點，以連續性評量取代間歇性評量，或以線段代替點狀評量，或許可以改善此一缺失。

第二節
變標準設計

壹、前言

　　結構上，變標準設計（the changing criteria design）也是一種多基線設計的變型。惟其基線型態有別多基線設計的原型，主要特色乃在於基線的走向呈現階梯狀而非一般常見的曲線。其次，整個基線又可細分為若干階段，皆分散於同一實驗階段內，而非獨立或分立的介入前之基線階段。然而，即使型態上有了差異，卻也無損其既定功能的發揮。因而，當研究者判定其他多基線模式不適用於自己所定的主題時，或許變標準設計可派上用場，特別是當研究主題涉及難以改變，或變化較慢的行為時。

貳、主要特性

一、適用情境

　　㈠變標準設計適用於難度較高的課程、不易改變的行為或

程度較低的研究對象，因而需要較長的時間才能達到研究目的。

㈡在其他研究設計中，實驗時間過度冗長，可能意謂介入效果不彰，也可能預期受試者將產生不當的情境反應，當然更無可避免的會引發研究倫理的爭議。此時，變標準設計乃是唯一的選擇。

二、內在效度

㈠在實施過程中，只涉及一個實驗階段，即介入或處理階段，因而不必以階段線區分不同的實驗階段，如基線階段與介入階段。

㈡變標準設計的基線有個特點，即短又多，少則八、九段，多則十來段，比一般多基線多出甚多。

㈢另一與多基線設計原型不同之處，即在於變標準設計中，也可／也須安排類似倒返的階段目標，同時調整階段標準，以測試實驗的內在效度。

三、研究倫理

㈠若研究倫理源於實驗過程的過度冗長，以造成研究對象的情緒反應，則變標準設計並無這方面的問題，因而也無研究倫理的爭議。

㈡然而為測試實驗的內在效度，研究者須安排類似倒返的階段目標。事實上，此為不折不扣的倒返活動，因此有如倒返設計一般，將無可避免地引起研究倫理的話題。

參、實施步驟

一、首先選擇適當的標行為，即可量化及可觀察的外顯行為。
其次對該行為作操性的界定。

二、初始，先評量基線水準（如圖7-2），再據此訂定第一個
階段目標，此目標宜離基線不遠，因而容易達成。

三、開始介入，達到階段目標一之後，以此水準作為基線，
再訂階段目標二。

四、階段目標二達成後再作為基線，擬訂階段目標三，再介
入；以此類推。

五、在進行過程中，偶而將階段目標倒返至先前的水準，以
建立實驗控制資料。

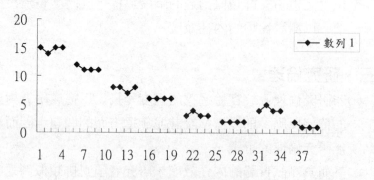

圖 7-2　變標準設計基本模式

肆、優／缺點

一、優點

㈠變標準設計除了適用於難度較高的課程外，對於障礙程度較重、能力較低，或動機較弱的學習者，也是最佳選擇。

㈡本設計不僅能透過各個階段目標與基線的對照，也能從實際的倒返操弄中，確立其內在效度。

㈢實施簡易，整個研究過程只涉及一個實驗階段，即介入階段。由於沒有安排介入前的基線階段，也不必等基線達到穩定狀態才開始介入，時間上較為經濟。

二、缺點

㈠由於標的行為的難度較高，也為求研究工作的順利進行，所訂的階段目標不高，可能較耗時費事。

㈡刻意安排的倒返階段，雖有助於提高其內在效度，然而也或多或少會引起研究倫理的爭議。

㈢曲線與其他實驗設計不同，呈現複雜而零亂的特質，加上倒返階段，顯得上下起伏不定，有礙於視覺分析。

伍、實例與評析

一、研究實例

於探討電腦輔助教學對國小中重度智能障礙兒童實用語文合作學習之成效研究中，裘素菊（2004）採用單一受試研究法之變標準設計（the changing criterion design），以台北縣某國小三名中重度智能障礙學生為研究對象。三名受試者先個別接受三次學習前測驗作為基準點；再接受每星期四天，每天 40 分鐘合作學習之電腦輔助教學，分為四階段，每階段二週，共計八週之實驗教學，每階段皆進行形成性評量及學習後測驗；爾後每隔一週，接受學習保留測驗三次。

自變項係指應用電腦輔助式教學以指導式、反覆練習式、教學遊戲式及測驗評量式，來進行智能障礙兒童之實用語文教學。

依變項係指在電腦輔助教學之前和之後受試者在指認圖像對應圖像測驗、指認圖像對應文字測驗、聽聲音指認圖像測驗、文字對應文字測驗、聽聲音指認文字測驗之得分及合作學習溝通互動之成效。以研究者自行設計之實用語文教學單元，採 T33 互動式測驗評量學習系統為教學平台，建構教學版面，分四個階段進行實驗教學。每個階段的達成目標，圖像（包括一位老師、二位同學、一位家長）之識得必須達正確率百分之百；文字（包括老師、同學、家長的名字）之

識得必須達 75%以上，始可進行下一階段的學習。

受試乙：各實驗階段答對百分比資料分析

　　受試乙為四年級重度智障學生，在基線期對圖像的認識平均達30%左右，文字的認識為75%，因文字較為抽象，對重度智能障礙的兒童確實困難。於每階段學習四個目標語詞中，至少平均會三個以上目標語詞，才可進入下一個階段的實驗教學。圖像方面第一階段須達到25%、第二階段達到 50%、第三階段達到 75%、第四階段達到 100%；文字方面第一階段須達到 18.75%、第二階段須達到 37.5%、第三階段須達到 56.25%、第四階段須達到 75%；聲音方面涵蓋於聽聲音找圖像、聽聲音找文字向度內。

㈠圖像對應圖像答對百分比

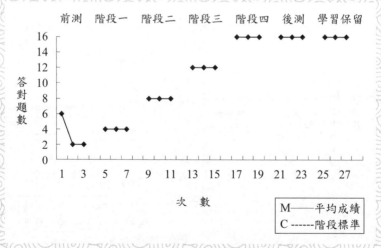

圖 4-2-1　受試乙圖像對應圖像答對題數

(二)圖像對應文字答對百分比

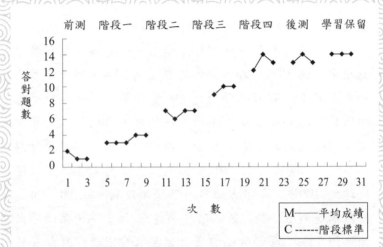

圖 4-2-2　受試乙圖像對應文字答對題數

(三)聽聲音指認圖像答對百分比

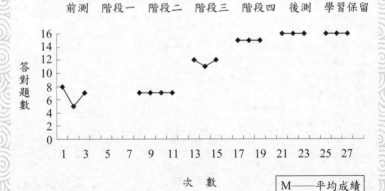

圖 4-2-3　受試乙聽聲音認圖像答對題數

受試乙在聽聲音指認圖像基線期的平均值為43.8%，超過第一階段目標25%，所以由第二階段開始做評量（包含第一階段）。

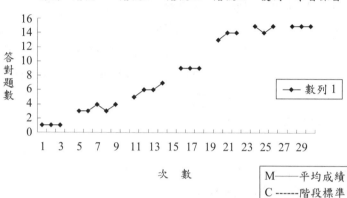

圖4-2-4　受試乙文字對應文字答對題數

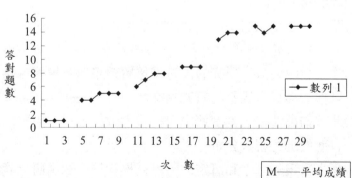

圖4-2-5　受試乙聽聲音指認文字答對題數

　　由上面各圖顯示，受試乙在圖像的認識——圖像對應圖像、聽聲音指圖像（圖 4-2-1、4-2-3）依各階段學習，均達到第一階段 25%、第二階段 50%、第三階段 75%、第四階段 100%預期目標。文字語詞的認識——圖像對應文字（圖4-2-2）、文字對應文字（圖4-2-4）、聽聲音找文字（圖4-2-5），實驗各階段均達三個上的目標詞，第一階段平均達到 21.87%（>18.75%），第二階段平均達到 40.1%（>37.5），第三階段平均達到 62.5%（>56.25%），第四階段平均達到80.5%（>75%）。綜合五項影音圖文之評量平均達到85%以上（>75%）目標，顯見電腦輔助教學的介入對該生學習實用語文認識圖像、文字、聽聲音均有顯著之成效。

二、研究評析

㈠雖然一名受試對象即可滿足本研究的需求，但研究者選取三名學童為研究對象，能有效提升本實驗的外在效度。

㈡除了教學成效，研究者尚考慮保留效果以及學習行為，堪稱一篇相當周延的研究論文。

㈢曲線描繪清楚，刻度適中，格式大致也合乎一般要求，有助於進行視覺分析。

㈣學生表現的水準和訂定的階段目標相符，意謂研究者能有效地掌控相關變項以及受試者的行為。

㈤缺點之一是可能誤用了實驗設計，因為變標準設計旨在

針對難度較高的課程技巧或學習行為，因而階段目標可多不可少，同時階段目標愈多，內在效度愈度。本研究的介入階段只涉及四個階段目標，似乎偏少，顯示標的行為不如想像中困難，因而轉而採取多基線原型或多探試設計即可。

㈥於介入階段，未刻意安排一些具有倒返作用的教學活動，致使本研究缺乏應有的內在效度。

陸、結論

變標準設計有別於多基線模式的原型設計，最大的差別在於介入前不必安排基線階段。其次，介入後的階段目標可視為基線，因而基線多而短。再次，研究者須刻意安排倒返活動，以建立其內在效度。因而，固然內在效度受到肯定，但也不無引發研究倫理爭議的可能。然而，推究其實，若與其他實驗設計比較，變標準設計確實較能處理一些具有挑戰性的標的行為。特別是對於一些根深柢固、不易改變的習性，以及難度較高的課程或能力較低的對象，變標準設計是最佳選擇。

第三節
延宕多基線設計

壹、前言

在前章所討論的倒返設計模式中，有一種設計允許研究者彈性地變換相關變項，此即多處理設計。其最吸引人之處即可以隨時更改研究的相關變項，而不須變換研究主題。同理，在多基線模式中，延宕多基線設計也具有相同的功能，因而也頗受研究者的青睞。

貳、主要特性

一、適用情境

(一)延宕多基線雖如一般多基線設計，適用於各種教學和輔導情境，也無標的行為的限制，然而選擇本設計往往不是研究者的初衷。

(二)換言之，當實驗過程中出現嚴重問題，致使研究中斷或難產時，研究者才被迫將原設計修改為延宕多基線。

二、內在效度

㈠延宕多基線看似具有一般多基線設計的功能，不須安排
倒返活動，卻具有倒返的實質效果。事實上，其內在效
度遠不如後者。

㈡研究者能隨時更換研究變項，包括實驗對象、介入策略，
或相關情境等。因而在研究過程中，若發現結果不如預
期時，可更改變項，而不致影響研究的初始目標。然而，
為提升其內在效度，須及早更動，以提供足量的基線資
料，作為參照與比較之用。

㈢最主要的特色在於實驗伊始，不必同時進入基線階段，
亦即不須找齊所有的研究對象、標的行為或實驗情境。
在進行過程中，可視情境的需要而隨時更迭或替換。若
從內在效度而言，基線資料的評量有其必要性，且愈早
與愈多愈好。

參、實施步驟

一、首先得選擇適當的標的行為，最好是可觀察、可量化的
外顯行為。其次須做操作性的界定。

二、如圖 7-3 所示，選擇一種待跨的實驗變項（例如受試、
行為或情境），安排至少三個項目（如三名受試、三種
行為或三個情境），但要求彼此之間功能獨立，且型態
類似。本文以跨行為為例，作為延宕多基線設計之相關

解說。

三、雖然不必（但若可行時，仍強烈建議）同時進入基線階段，亦即在第一天或第一節，同時蒐集所有標的行為的基線資料。

四、對行為A進行連續性評量，俟其資料呈現穩定狀態，則開始進入介入階段。

五、當行為A的介入資料呈現變化時，開始安排行為B並進行基線評量。若行為A的資料呈穩定狀態或達預定的水準，則開始介入行為B。

六、當行為B的介入資料呈現變化時，開始安排行為C並進行基線評量。若行為B的資料呈穩定狀態或達預定的水準，則開始介入行為C。

七、待行為C的資料已呈穩定狀態或達預定的水準時，則本實驗工作即可告一段落。

八、以上的解說係在理想的狀態下進行。假設介入策略無法對其中一種行為（如行為C）發生作用，即該行為經介入後未能產生預期的變化，抑或變化不大，無法達到預定的水準，此時須立即安排第四種行為（即行為D）並開始其基線評量。若行為D依然無效，則再找行為E，依此類推，直到至少完成三種標的行為的介入評量。

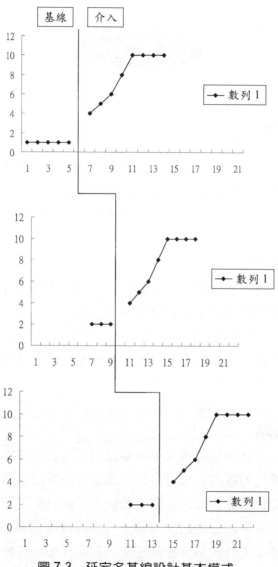

圖 7-3　延宕多基線設計基本模式

肆、優／缺點

一、優點

㈠延宕多基線設計也和其他多基線設計的原型一樣，其主要的優點乃在於不必安排倒返階段，卻能透過其他基線資料的對照，而實質上獲得倒返的作用。

㈡其次，與一般多基線（不論是原型或變型設計）不同的是，延宕多基線可伺機加入新的實驗標的，以取代效果不佳的標的。

㈢延宕多基線設計具高度的彈性，可隨時變換行為、受試或情境項目，而不必變更研究主題。

㈣除了適用於跨行為、受試以及情境等不同的研究型態外，其基線短、評量也少，可避免過多評量所導致的評量效應。

二、缺點

㈠延宕多基線設計也具有多基線原型設計的缺點，例如研究標的的選擇若要符合既定原則，恐費時耗事。

㈡主要缺點還在於內在效度的缺乏。因為除了第一條基線外，其後加上的研究標的，其基線資料相當不足，無法對前項的介入資料提供充分的對照作用，從而減低研究的內在效度。

㈢再者，當發現原先的標的於介入無效後，若找尋替代標
　的的動作在時間上有所拖延，則意謂不能及時進入基線
　評量，也表示無法對前一標的之介入資料提供參照作用，
　而失去其基線的意義。

伍、實例與評析

一、研究實例

　　在一篇探討圖片兌換溝通系統對溝通行為學習之成效研
究中，羅汀琳（2004）選擇中度自閉症兒童為研究對象，細
部的研究目的包括研究對象是否能達成方案內所有階段之目
標，並能進一步應用到不同情境，以提升其自發性溝通能力。

　　自變項為圖片兌換系統教學，即指導研究對象能以圖片
兌換的方式來溝通。然而該方案的介入有其進階性，其進階
過程先是擴大溝通者、溝通簿與研究對象間的距離，然後調
整圖片辨識難度，最後則是增加新的溝通功能。鑑於方案分
成六個階段，而研究設計又只安排三個不同的情境，恐因跨
越過多階段而影響目標行為的完整性，因此將同性質較高的
數個階段連貫成一個實驗。實驗裡的每一個階段，只要該階
段目標行為連續三次達到階段標準，即可直接邁入下一個階
段。在方案教學的六個階段裡，因為一、二、三階段同為使
用一張圖片兌換，因此合為第一個實驗（B_1），而實驗內的
小階段分別是階段一、二、三，期待號為P_1、P_2、P_3；第四、

五階段同為用一條句帶兌換，因此合為第二個實驗（B_2），而該實驗內的小階段分別是階段四、五，其代號為 P_4、P_5。第六階段因為是新的溝通功能的學習，因此獨立為第三個實驗（B_3），其代號為 P_6。

自變項則參考 Frost 和 Bondy（1994）的圖片兌換系統手冊，對每一個階段之行為目標及階段標準，先做明確的界定，且對每階段又細分更多的小步驟，並擬出達成標準供參考。因而本研究之目標行為，配合自變項的調整，雖合併為三個，但實際教學過程仍為原方案之六個階段。

研究情境方面，由於圖片兌換溝通系統之教學，十分重視目標行為的應用能力，因此既然研究設計採用跨情境模式，特別注重每一情境的溝通對象及活動內容。以目前研究對象的生活圈來說，至少有家庭、學校及社區生活學習環境，是值得善加運用的環境。故本研究以家庭、學校及社區生活為標的情境。

綜上所述，本研究原擬採用單一受試研究法之變標準設計，並結合跨情境之多探試設計。事實上，其跨情境之多探試設計部分與一般多探試設計之要項不符，倒變成不折不扣的延宕多基線，其結果如下圖：

研究結果之圖表分析

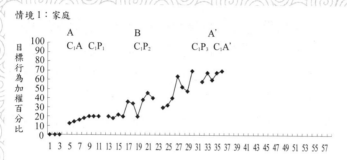

情境 1：家庭

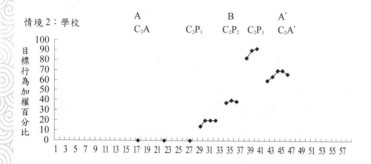

情境 2：學校

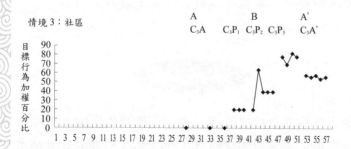

情境 3：社區

圖 4-1　研究對象目標行為加權百分比

二、研究評析

㈠延宕多基線設計之內在效度相當缺乏，主要源於基線資料的不足；變標準設計本身安排若干基線，提供充分的基線評量資料。因此，若兩者結合成一種複合式研究設計，多少可彌補此一缺失。

㈡研究者原採多探試設計模式，大致上也能在適當的時點安排探試評量，從而提供可貴的對照資料；不過只提供點狀資料而非線段資料，略有不足。

㈢即使是延宕多基線設計，為確定基線資料的穩定性，於介入前務必進行連續性評量；然而本研究於介入前只提供間歇性評量資料，因此所提供的參照資料略有不足。

㈣原則上，前一介入結果資料呈現穩定狀態後，才開始對次一基線進行介入處理。然而在本研究上卻看不到此一原則，因此引進介入而產生變化時，不易解讀其變化的成因。

㈤變標準設計的內在效度主要源於階段目標的操弄及倒返階段的安排，兩者在本研究中似乎皆付之闕如。

陸、結論

延宕多基線似乎提供研究者較多的彈性空間，可隨時更換研究變項，而不致中斷研究工作。然其最大的缺點卻也在此，由於新加入的變項，其基線過短，無法對前項的介入資

料，提供實質的對照功能，因此對整個研究的內在效度打了相當大的折扣。職是之故，一般研究者不會輕易採用此設計；多半是當別無選擇時，才被迫改用延宕多基線設計。

第八章

比較介入設計

重要概念

一、交替處理設計（Alternating Treatments Designs）

若研究目的不在於探討單一介入策略的實施效果，而在比較不同介入策略的差異效果，則交替處理乃是不二選項；因為研究者能透過快速交替不同的介入策略，而達消除次序和歷史等負面效應。

二、並行處理設計（Parallel Treatments Designs）

當研究目的不僅在於比較不同介入策略，而同時也在乎每一種策略在跨受試或學習情境之內在效度時，上述的交替處理或許無法滿足研究者的需求，此時並行處理設計可能是研究者唯一的選擇。

三、多成分設計（Multielement Designs）

若研究者旨在進行功能分析，以探究行為背後的成因或情境相關變項時，多成分設計即可派上用場，因為它能不經介入的過程即可達改變行為的目的。

第一節

交替處理設計

壹、前言

前述有關倒返設計與多基線設計之章節，旨在探討各種設計本身的有效性與適切性。若研究的主要目標在於比較不同策略之介入成效，則須另擇其他設計了。交替處理可以滿足研究者此方面的需求，因為它不僅允許研究者比較多種介入策略的成效，且可避免時間及秩序所造成的負面效應。

貳、主要特性

一、適用情境

(一)對不同的介入策略之間，進行其效果好壞的比較，相關的實驗設計委實不多，交替處理是最常用的實驗設計之一。

(二)交替處理允許研究者在短時間之內，同時針對兩、三種，甚至四、五種介入策略，進行成效優劣的評比。

㈢若是另外安排一條永不介入的基線，研究者也能對個別的策略進行介入與基線之間的比較，進而了解其介入的效果。

二、內在效度

㈠基線階段的安排並非實驗中必要的過程，若研究跳過基線而直接進入介入階段，或許可縮短研究時程。

㈡由於各種策略之效果皆呈現在介入階段，因此資料分析部分只進行介入階段之階段內分析。故即使安排基線評量，也不列入資料分析。

㈢在短時間（例如一節課、半天或一天）之內，進行介入策略的交替使用，可減少因時間或歷史事件所產生的不當衝擊。

㈣在不同介入策略之呈現上，若能採用有效的方法，也能消弭不必要的次序效應。常用的方法包括隨機法（randomization）和對抗平衡法（counter balance）。

三、研究倫理

㈠一般而言，交替處理既無基線階段，也無安排倒返活動，因而較少涉及研究倫理的議題。

㈡然而，不可否認的，本設計旨在比較不同介入策略之優劣，而非著重受試對象學習之成效；因此，若已達研究目的即告結束，容易給人「為研究而研究」之譏。為減少此負面反應，研究者常於分出介入策略之高下後，再採用效果最佳的策略進行持續性教學，期使參與者能有

更多的獲益。

㈢此外,本設計要求在短時間之內,採用不同的方法從事
教學活動,此種教學模式確實有違自然情境教學之原則。
倘能配合日常課程之進度與目標,或許有助於研究與教
學之結合。

參、實施步驟

一、初始,若安排基線階段(如圖 8-1),則能提供研究對象
在各種介入策略所對應課程之起點行為,除此之外,別
無功能。

二、由於基線階段是基於可有可無的實驗階段,因而若不安
排基線期也無妨,可直接進入介入階段。

三、交替處理設計最主要的特性乃是迅速地交替應用所有的
介入策略。所謂「迅速地」意指在當天之內,時間愈短
愈好,如此所涉及的混淆變項即可減到最低。

四、除了迅速交替外,也重視採用「對抗平衡法」(counter-
balance)以抵消因實施介入的先後所造成的秩序效應。

五、待其中一種介入效果達到預訂水準,同時也可比較兩種
策略之高下時,理論上介入活動即可告一段落。

六、實際上,研究者通常會接著針對成效較佳的策略,進行
複製性的後續介入,亦即實施於其他課程上,以期研究
對象能獲致更多的學習效果。

七、待後續介入活動達到預訂的效果,或依變項資料已呈穩

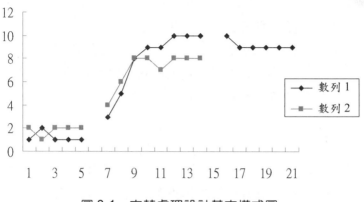

圖 8-1　交替處理設計基本模式圖

定狀態時，整個實驗活動即宣告結束。

肆、優／缺點

一、優點

㈠若與其他實驗設計相較，交替處理設計因能比出不同介
　入策略之高下，可能較受實務工作者的青睞。因為理論
　上任何介入都會帶來或多或少的效果，因而還未實施介
　入活動，已經可以預期介入結果。因而結果如何，不會
　引起讀者的關注。相反地，能對多種策略找出效果最佳
　的介入方法，對實務工作者提供莫大的參考價值。

㈡多基線設計最大的缺點即為基線的冗長和拖延，在交替
　處理設計中並無此缺點，因為基線階段並非必要條件。

㈢因為省略了基線階段，初始研究者即可直接進入處理階段，能有效地縮短實驗時間。

㈣在短時間（很可能當天）之內，交替應用所有的介入策略，以減少不當的歷史效應。同時也可採用對抗平衡方式，降低潛在的秩序效應。

二、缺點

㈠介入時間較難安排，特別是當標的策略較多時，一天之內要交替應用所有的介入策略，恐有一定的難度。

㈡依變項設計困難，由於自變項和依變項需要兩兩配對，因此為求介入條件與情境等變項的一致，不同的介入策略所要處理的依變項之間，也要求某種程度的一致性，不僅需要性質相同，其間的熟悉度和難易度也要相近，才不致失去立足點的公平性。

㈢當標的策略繁多時，所得的曲線圖也複雜，有時甚至糾纏不清，難分軒輊，遑論進行視覺分析了。

伍、實例與評析

一、研究實例

在一篇有關輕度智能障礙學生之動作技能學習研究中，潘麗芬（2005）採用交替處理設計進行不同的時間延宕教學策略之成效比較。研究對象為兩名國中輕度智能障礙學生，

男女各一名。

　　自變項係以固定時間延宕教學介入，進行二十分鐘時間
延宕之訓練課程。固定時間延宕（CTD）係指採用固定：(1)
六秒等待反應時間；及(2) 0 秒時間延宕兩種。若每一次教學
步驟無提示或有提示下做出正確反應則列入記錄，並繼續提
供下一個步驟。若受試者之反應錯誤，則教學者介入指導，
每一步驟進行一次教學，以此類推。每一次教學後若反應有
誤，則以最高六次為限。若達上限仍然有誤，則停止該步驟
教學，而繼續下一步驟反應動作，並蒐集該錯誤紀錄以資比
較，最後所蒐集正確反應及錯誤反應資料進行分析。

　　依變項係指研究者自編的「固定間延宕動作技能學習結
果總記錄表」，記錄個案動作技能之學習成效。由觀測者、
研究者記錄並計算實驗對象在運動技能學習的成效、學習次
數，及學習時間長短，將反應出現次數換算成次數百分比，
呈現於該圖表或表列分析之。研究者並分別在基線期、處理
期與維持期等三個實驗階段分別進行階段內與階段間之相關
分析，包括立即效果、保留效果、水準穩定係數、趨向穩定
係數，以及重疊百分比等。

　　學習成果（Effectiveness）　　學習成果的計算方式是以正
確反應次數的多寡決定學習成果之良窳，根據運動技能連鎖
工作探測，實驗參與者在基線期、處理期及維持期的三個階
段中，對於每一項運動技能工作反應表現，不經過提示而能
夠正確反應且能獨立完成的目標行為。記錄正確反應的內容
包括：進入處理期的 0 秒延宕中所有提示、示範、模仿的動
作等，皆列入反應表現紀錄。0 秒延宕後，從目標刺激至控

制提示，在未經口語提示或經口語提示之下，每一步驟之反應動作。在六秒延宕反應時間後，在規定秒數內及最後進入維持期經下指令未表現任何提示及示範動作之下，實驗參與者能夠完成做出正確反應。

學習效率（Efficiency） 評估學習效率是以決定 0 秒及六秒時間延宕教學試驗及達到目標技能行為次數計算、選擇學習時間長度、評估錯誤類型（如動作型態、順序、每一個步驟超過反應時間及每一個步驟的教學次數反應時間內反應錯誤、根本沒有在時間延宕內反應的錯誤紀錄）、處理期提示前及提示後錯誤反應占總錯誤的百分比分析比較等紀錄，作為分析的依據。本研究就以下列四個方向作為依據：(1)達到目標技能前的教學次數；(2)學習時間延宕長度；以及(3)完成目標技能學習行為前出現的錯誤類型。

保留效果 處理期教學結束後即進入維持期，選擇第一週及第三週。共進行為期兩週五堂課程的試驗與觀察，此試驗期間不提示學生任何策略，由受試者獨立完成操作，蒐集資料紀錄，並計算運動技能正確反應數。

綜上所述，自變項包括 0 秒延宕和六秒延宕兩種，依變項則包括籃球定點運球投籃、羽球發球以及桌球發球等動作學習結果。部分結果如下圖所示：

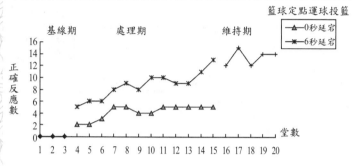

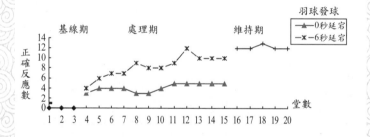

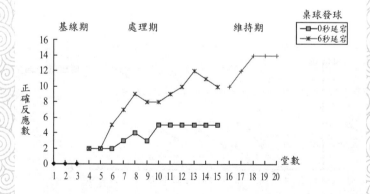

圖7　甲生三項運動動作技能正確反應步驟數的曲線圖

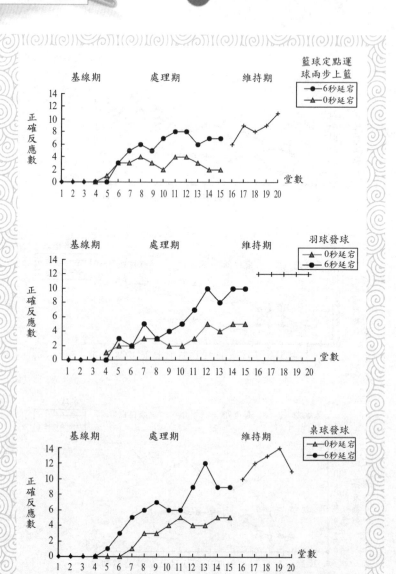

圖 8　乙生三項運動動作技能正確反應步驟的曲線圖

表6　籃球——固定時間延宕教學策略的階段內變化摘要表

項別＼階段	甲生				乙生			
	A 基線期	處理期 B0秒延宕	處理期 B6秒延宕	C 維持期	A 基線期	處理期 B0秒延宕	處理期 B6秒延宕	C 維持期
1.依序／階段長度	1/3	2/12	3/12	4/5	1/3	2/12	3/12	4/5
2.趨向預估	–(=)	/(+)	/(+)	/(+)	–(=)	/(+)	/(+)	/(+)
3.趨向穩定	穩定	穩定 (83%)	穩定 (83%)	穩定 (80%)	穩定	穩定 (75%)	穩定 (75%)	穩定 (100%)
4.趨向資料路徑	–(=)	/– (+)(=)	//(+)	/(+)	–(=)	– –(=)	/– (+)(=)	/(+)
5.水準穩定與範圍	0~0 穩定	2~5 穩定	5~13 穩定	12~14 穩定	0~0 穩定	0~2 穩定	0~7 不穩定	6~11 穩定
6.平均水準	0	4.16	8.66	13.4	0	2.33	5.16	8.6
7.水準變化	0-0 (0)	2-5 (3)	5-13 (+8)	12-14 (+2)	0-0 (0)	0-2 (2)	0-7 (+7)	6-11 (+5)

表7　籃球——固定時間延宕教學策略的階段間分析表

項別＼階段比較	甲生		乙生	
	BA 2/1	BB 3/2	AB 2/1	BB 3/2
1.改變的變相數目	1	1	1	1
2.趨向方向與效果變化	/(+) – (=)	/(+)/(+)	/(+) – (=)	/(+)/(+)
3.趨向穩定	穩定－穩定	穩定－穩定	穩定－穩定	穩定－穩定
4.水準變化	(0-2)/(+)	(5-5)/(0)	(0-0)/(0)	(2-0)/(–)
5.重疊百分比	1%	8.3%	0%	25%

表8　羽球──固定式時間延宕教學策略的階段內變化摘要表

項別 / 階段	甲生				乙生			
	A₁ 基線期	處理期		C₁ 維持期	A₁ 基線期	處理期		C₁ 維持期
		B₁ 0秒延宕	B₁ 6秒延宕			B₁ 0秒延宕	B₁ 6秒延宕	
1.依序／階段長度	1/3	2/12	3/12	4/5	1/3	2/12	3/12	4/5
2.趨向預估	−(=)	−(=)	/(+)	/(+)	−(=)	/(+)	/(+)	−(=)
3.趨向穩定	穩定	穩定 (91%)	穩定 (83%)	穩定 (80%)	穩定	穩定 (83%)	穩定 (75%)	穩定 (100%)
4.趨向資料路徑	−(=)	/− (+)(=)	/− (=)(+)	/− (+)(=)	−(=)	//(+)(+)	/− (+)(=)	−−(=)
5.水準穩定與範圍	0~0 穩定	3~5 穩定	4~10 不穩定	12~12 穩定	0~0 穩定	1~5 不穩定	0~10 不穩定	12~12 穩定
6.平均水準	0	4.16	8.33	12.2	0	3.8	5.58	12
7.水準變化	0-0 (0)	2-5 (3)	4-10 (+6)	12-12 (0)	0-0 (0)	1-5 (4)	0-10 (+10)	12-12 (0)

表9　羽球──固定時間延宕教學策略的階段間分析表

項別 / 階段比較	甲生		乙生	
	B₁A₁ 2/1	B₁B₁ 3/2	A₁B₁ 2/1	B₁B₁ 3/2
1.改變的變相數目	1	1	1	1
2.趨向方向與效果變化	−(=)−(=)	−(=)/(+)	−(=)/(+)	/(+)/(+)
3.趨向穩定	穩定−穩定	穩定−穩定	穩定−穩定	穩定−穩定
4.水準變化	(0-3)/(+)	(5-4)/(−)	(0-1)/(1)	(5-0)/(−)
5.重疊百分比	0%	8.3%	0%	50%

表 10　桌球──固定式時間延宕教學策略的階段內變化摘要表

項別＼階段	甲生				乙生			
	A₂ 基線期	處理期		C₂ 維持期	A₂ 基線期	處理期		C₂ 維持期
		B₂ 0秒延宕	B₂ 6秒延宕			B₂ 0秒延宕	B₂ 6秒延宕	
1.依序／階段長度	1/3	2/12	3/12	4/5	1/3	2/12	3/12	4/5
2.趨向預估	−(=)	/(+)	/(+)	/(+)	−(=)	/(+)	/(+)	/(+)
3.趨向穩定	穩定	穩定(100%)	穩定(75%)	穩定(100%)	穩定	穩定(83%)	穩定(75%)	不穩定(40%)
4.趨向資料路徑	−(=)	//(+)	/−(+)(=)	/(+)	−(=)	−/(=)(+)	//(+)	/(+)
5.水準穩定與範圍	0~0 穩定	2~5 穩定	2~10 不穩定	10~14 穩定	0~0 穩定	0~5 不穩定	0~9 不穩定	10~11 不穩定
6.平均水準	0	3.83	7.75	10	0	2.83	6.08	9.8
7.水準變化	0-0 (0)	2-5 (3)	2-10 (+8)	10-14 (+4)	0-0 (0)	0-5 (5)	0-9 (+9)	10-11 (+1)

表 11　桌球──固定時間延宕教學策略的階段間分析表

項別＼階段比較	甲生		乙生	
	B₂A₂ 2/1	B₂B₂ 3/2	A₂B₂ 2/1	B₂B₂ 3/2
1.改變的變相數目	1	1	1	1
2.趨向方向與效果變化	−/(=)(+)	//(+)(+)	−/(=)(+)	//(+)(+)
3.趨向穩定	穩定－穩定	穩定－穩定	穩定－穩定	穩定－穩定
4.水準變化	(0-2)/(+)	(5-2)/(−)	(0-0)/(0)	(5-0)/(−)
5.重疊百分比	0%	25%	0%	33%

二、研究評析

(一)研究者安排了基線評量，除能比較策略間的成效外，也可以探討個別策略本身的介入效果。

(二)每一張曲線圖不論在結構和內容上，皆能清楚地展現行為的變化；同時構圖適切、刻度清楚，也有利於進行視覺分析。

(三)除了基線及介入階段，研究者特別安排了維持階段，探究介入策略實施成效之保留效果。

(四)上述之優點(三)，其實是項優點也是不折不扣的缺點。因為依照慣例，通常採用交替處理時，研究者會在介入告一段落後，安排後續處理階段，即選擇較優的介入策略，再實施介入教學，期望受試者能有更大的收穫。然而，本研究卻安排維持階段取代後續處理階段，實為美中不足之處。

陸、結論

　　不同的實驗設計模式有其不同而特定的功能，交替處理設計可以滿足研究者探討，並比較不同介入策略成效之需求。雖然在實施過程中，選定適切而可行的依變項，或許相當費事耗時；然而，由於研究者能透過迅速交替及對抗平衡的方式，可以有效地控制潛在的秩序效應，因而其內在效度獲得肯定，深值研究者採行。

第二節

並行處理設計

壹、前言

　　在多種比較介入設計中，前節所述之交替處理，因其結構簡單，可行性高，加上內在效度和社會接受度，皆達一定的水準，因而最為廣泛採用、能見度最高。然而，若研究者欲加入更多的研究變項或比較更複雜的介入策略，以進行更客觀的評比，同時能兼顧其內在效度，則較為少見的並行處理設計應是最佳選擇。

貳、主要特性

一、適用情境

　　㈠並行處理設計乃是交替處理與多基線設計的結合，因而具備這兩種設計的特性、功能與優／缺點。

　　㈡與交替處理一樣，並行處理允許研究者在短時間之內，同時針對若干不同的介入策略，進行成效優劣的評比。

㈢個別策略之介入效果也能透過多基線設計，進行基線與
介入之階段間分析而得。

㈣基於上述，並行處理設計一方面允許研究者進行介入策
略之間的效果比較，同時也能探討個別策略的成效。

二、內在效度

㈠並行處理設計乃是多基線設計與交替處理設計的綜合體，
在此架構中，不同的介入策略之間能進行多層次與複相
關的比較。

㈡在跨越變項的多基線設計中，研究者得以重複進行介入
策略的比較，而達到多次實驗效果複製的目的，惟此提
升了其內在及外在效度。

㈢因此，同樣是比較介入設計的型態，然而，並行處理的
內在效度遠高於交替處理設計。原因在於，前者的研究
結果可以透過多基線設計的「加持」而提高其內在效度
（Johnes & Schwartz, 2004）。

三、研究倫理

㈠並行處理設計由於係建立在多基線的架構中，因而也具
有多基線的缺點，其中最主要而須極力避免的缺點即為
基線的過度延長，進而產生研究倫理的困擾。

㈡防範之道在於改多基線為多探試，減少基線評量的次數。
其次，也能透過安排程度較好、能力較強的受試或較易
改變的行為，作為優先處理與介入的選項，也可以有效
地縮短基線的長度。

㊂此外，本設計要求在短時間之內採用不同的方法進行教學活動，此種教學模式確實有違自然情境教學之原則。倘能配合日常課程之進度與目標，或許有助於研究與教學之結合，從而減少研究倫理的爭議。

參、實施步驟

一、在研究計畫階段，確定研究方向與主題之後，選擇適當的研究對象、實驗情境及標的行為。

二、再根據研究對象之人數、實驗情境之類別，以及標的行為之特質，並衡量研究主題，以及考量相關設計之可行性及適切性，擇定跨受試、行為或情境之多基線或多探試設計。

三、接著，針對各個項目（如受試、行為或情境）中，再選擇兩種（含）以上的細目（如教學策略或輔導方法），以比較兩種策略之優劣；其中項目以多基線或多探試設計呈現，而細目則以交替處理表示（假設最後確定為跨行為多探試設計，即以小組教學，比較兩種教學法對兩組單字學習成效之比較）。

四、在實施上，先對多探試設計中的行為 A_1 和 A_2，進行交替處理的基線評量，待其資料呈現穩定狀態時，接著同時引進介入策略。當 A_1 和 A_2 出現明顯的變化時，行為 B_1 和 B_2 開始連續性基線評量；待兩種策略之效果分出高下之後，對行為 B_1 和 B_2 進行介入處理；當行為 B_1 和 B_2 呈

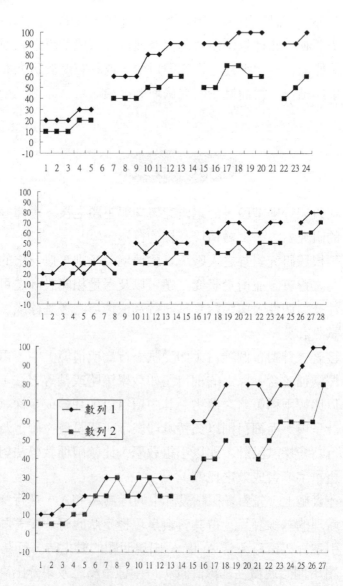

圖 8-2　並行處理設計基本模式圖

現明顯變化時，對行為 C_1 和 C_2 進行連續性基線評量。俟行為 B_1 和 B_2 之介入效果分出高下後，對 C_1 和 C_2 引進介入策略，等到比出優劣後，本實驗即可告一段落。

肆、優／缺點

一、優點

㈠並行處理設計具有兩種設計的雙重優點，即同時包含多探試／基線和交替處理設計的優點。

㈡因為變項之項目係以多基線／探試設計呈現，多重的基線可以提供充分的對照資料，以解釋行為變化的原因，因而提高其內在效度。

㈢至於每個項目中的細目，則係以交替處理方式來完成，為此而能比較不同介入策略的成效。

㈣並行處理設計能同時介入多名受試、多種行為或多項情境，適合一般教學之自然情境，在時間及人力上亦較為經濟可行。

二、缺點

㈠並行處理設計之結構複雜、變項繁多，故而在實施上，難度頗高，乏人問津。這也是為何其能見度一直無法提高的主因。

㈡有些研究者在研擬計畫時，發現採用本實驗設計的研究

資料極為缺乏，無法找到相關的參考文獻。因而造成惡性循環，而使更多研究者望之卻步。

伍、實例與評析

一、研究實例

於最近一項旨在探討手足、同儕及成人示範教學對自閉症幼兒字詞學習之成效研究中，Johnes 與 Schwartz（2004）採用跨介入策略與學習卡組之並行處理設計。研究對象為三名自閉症幼兒，年齡在45～62個月之間；三位皆就讀一所位於市區的大學附屬學前教育及幼稚園，係為身障生與同儕生之融合教育。與之配對者為三名示範者：其一為常態手足（與受試對象上同一所學校），其二為一般同儕，其三為成人。

實驗情境主要是走廊，即受試者上課用教室外之走道。在實驗期間，走道多半人跡不多，可將分心刺激減至最低。使用一張 1 米×1 米的幼兒專用書桌，受試幼兒面向磚牆而坐，以減少視覺刺激。實驗時段都選在下課時間，此時實驗者邀請受試者到教室外，去從事「特殊的任務」。

學習材料為 4×6 護貝圖卡，分為三類：行動類、職業類，及相反詞。對受試呈現各式各樣的圖卡，將其中無法正確命名的當作核心卡組。

研究設計為並行處理設計，跨三類學習卡組（第三名 Jennifer 只學兩組）。再者，使用對抗平法以抵消秩效應，這

也是目前在比較研究模式中效果最好的策略。在前基線期，研究者先編製圖畫教材，分為三種：行動（如開車、爬行）、職業（如技工、農夫）以及相反詞（如冷／熱、開／關），旨在編選未學的教材，以建立零水準的基線資料。在基線階段，評量自閉症受試的起點行為。一如預期的，所有基線資料都落在零的水準。在此實驗階段中，研究者同時訓練將扮演示範者的小老師。在介入階段中，當實驗者指著圖畫問問題時（如他在做什麼？），小老師在一旁示範正確的反應（如開車）；若受試對象回答正確，實驗者立即說「答對了」，並繼續進行下一題。如果回答錯誤，實驗者記錄答案，但默不作聲，繼續下一題。在維持階段中，作法與基線同，也是進行個別評量，並無其他示範者在場。係在介入階段結束後第一天開始，為期兩週。下頁是Erin這位受試幼兒的曲線圖。

二、研究評析

(一)研究者選擇適當的實驗設計，在跨行為刺激的架構中，安排了三種介入策略效果的比較，其內在效度遠優於單獨的多探試或交替處理設計。

(二)在並行處理設計外，研究者安排了三名受試對象，能有效提升本研究的外在效度。

(三)在前基線期，為每一位受試者編選了 27 項測試刺激，分為行動、職業以及相反詞等三類，並於介入階段以隨機方式呈現，考慮周延，能有效控制混淆變項。

(四)在實施上，介入前的評量次數略為不足；在受試 Erin 的部分，於三種行為上分別只有三、一和二次的基線評量。

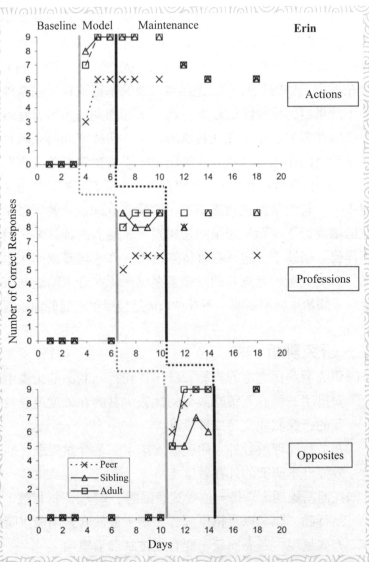

Figure 1. Frequency of correct responses for Erin during the baseline, peer modeling, and maintenance phases.

理想上是進行三次以上的連續性評量，當資料呈現穩定
狀態才開始進行介入活動。

㈤介入次數也嫌少，例如在 Erin 的「行動」介入上，達到
　預定或最高水準時只呈現兩個資料點。理想上，宜連續
　呈現三次（含）以上穩定的資料點。

㈥另外，Y 軸的刻度 0 並未提高，因而所有在 0 水準的資
　料點均與 X 軸重疊，容易混淆不清。

第三節

多成分設計

壹、前言

　　多成分設計（the multielement design）也是一種比較介入
設計，因為研究者可以安排不同的實驗情境，深入觀察標的
行為的變化，以了解案主表現行為的潛在因素或行為動機。

　　多成分設計與交替處理設計類似，兩者皆須在短時間之
內，以交替方式安排不同的情境。兩者主要的不同點，乃在
於前者不必進行正式的介入活動，可能在基線評量後，透過
情境成分（如條件性與非條件性）的調整，即能達到改變行
為的目的。

貳、主要特性

一、適用情境

㈠多成分設計可視為一種預試的過程，在正式進行實驗之前，採用多成分設計，分析相關的變項，包括行為、情境與受試特性，以做好實驗前的準備工作。

㈡作為選擇標的行為的依據，標的行為的適切性往往決定研究的成敗，例如在跨行為多基線，若行為不具備「功能獨立」與「型態類似」，則註定要導致共變現象。

㈢視為一種個案分析的方法，透過多成分設計了解個案與情境的互動關係，以此作為決定研究變項的參照。

㈣作為功能分析的一部分，探討變項之間的關係，進而操弄相關變項，俾達改變行為的目的。

二、內在效度

㈠多成分設計的主要目的在於行為分析，而非介入活動。因而情境成分的安排重於介入策略的選擇。

㈡對於不同情境成分（如獨自活動、團體活動）的安排，著重於透過對抗平衡（counter-balance）或隨機方式，以交替的機制呈現，達到消除秩序效應的目的。

㈢藉助情境成分的分類和排列，研究者不僅能了解個別情境成分的主要作用，也可分析其間的交互作用（例如，

不同的活動性質與不同的遊戲規則之間的交互作用）。

㈣研究者也能因此設計而達到改變行為的目的，但關鍵並
非透過操弄自變項或介入策略，而是操弄情境成分或其
他控制變項（Peyton, Lindauer & Richman, 2005）。

三、研究倫理

㈠多成分設計因著重功能分析而非介入效果，而功能分析
又重視情境的調整而非實際操弄，因而理論上所涉及的
研究倫理微乎其微。

㈡推究其實，多成分設計本身即為研究倫理爭議的終結者
而非製造者，因為有效的多成分分析可以減少後續研究
工作牽連研究倫理的機率。

參、實施步驟

一、選擇標的行為（如圖 8-3），並假設行為的動機與情境有
關，因而可透過情境成分的操弄而改變行為。

二、分析情境因素，羅列所有可能的情境成分，並加以分類，
以便進行功能分析。

三、交替情境成分，針對潛在的情境成分，採隨機或對抗平
衡方式，快速地交替呈現各種情境成分。

四、觀察行為變化，在各種不同的情境成分中，觀察並記錄
標的行為的變化。

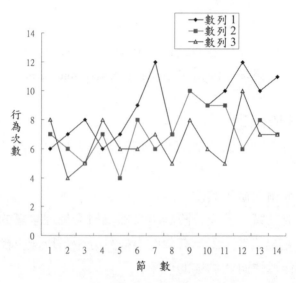

圖 8-3　多成分設計基本模式圖

五、分析行為成因，綜合各項行為紀錄，研判各項行為成因，
　　分析行為變化和情境成分之間的因果關係。

肆、優／缺點

一、優點

㈠多成分設計最大的優點在於具有交替處理的作用，而能
　　省卻實施介入的過程。

㈡研究者可將之視為功能分析，不僅能探究各項情境成分

的主要作用，且可了解其間的交互作用。

㈢在介入前，研究者可藉此設計釐清行為與情境或其他變項之間的關係，以作為選擇介入策略的依據。

㈣成分設計可作為預試（pilot study）的一部分，以排除一些間接相關或屬於次級地位的情境成分。

二、缺點

㈠研究者需要考慮各種可能的、潛在的情境成分，若有所疏漏，則無法找到行為的真正成因。

㈡雖然允許研究者進行交互作用的分析，但過程繁瑣，步驟複雜，相當耗時費事。

伍、實例與評析

一、研究實例

於一篇旨在探討一名十歲自閉症女童之反抗性口語行為的情境因素研究中，Peyton、Lindauer 與 Richman（2005）採用多成分設計以進行功能分析。在第一階段中，研究者以每五分鐘為一節次，透過交替方式安排了四種情境，分別是自由遊戲、獨處、關注以及要求（逃避）等情境。結果（如下圖）發現在「要求」情境下，受試者的不當口語受到負增強（以逃避的型態呈現）而維持在高檔水準，不過她卻同時也完成了 42% 所要求的項目。因而研究者提出假設：父母對她

的要求誘發其表現不當口語,然該行為並未因立即逃避的動機而獲得維持。

其次,在第二階段中,為了驗證其行為並非受到負增強的影響,研究者以多成分設計安排了兩個實驗情境:(1)要求但不移除工作材料;和(2)要求並移除工作材料。結果發現不當口語的發生率並不因情境的不同而有差異。針對此結果及非正式的觀察資料,研究者提出第二個假設:在要求的情境下,若調整「指示」的成分,可以減少不當口語的發生率。

因此,於第三階段中,研究者也藉由多成分設計以評量「指導性」(directive)和「非指導性」(nondirective)對標的行為的作用。結果發現在指導性情境中,其不當口語的出現率高於非指導性情境;相反地,在服從行為方面,則呈現非指導情境略高於指導情境。

本研究的限制之一是,由於在第二階段中工作提示是採固定式的每二十秒一次,因此無法排除一種可能性,即反抗性口語行為的發生與消極性增強有關。另一個研究限制是,無法認定維持標的行為的機制。

二、研究評析

㈠研究者能周延地分析並安排相關的情境成分,以有效地預測與操弄案主的不當口語行為。

㈡不同的情境成分能透過系統化的過程,加以分類、組合以及配對,在多成分設計的架構下,評量其與標的行為的關聯性。

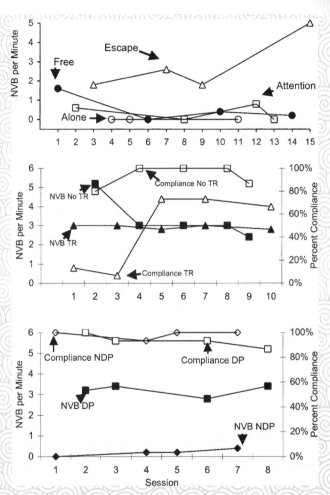

Figure 1.   Rate of noncompliant vocal behavior (NVB) during the functional analysis (top panel). Rate of NVB and compliance during demand conditions with or without removal of task materials (middle panel). Rate of NVB and compliance during demand conditions with directive or nondirective prompts (bottom panel). No TR 5 no task removal, TR 5 task removal, DP 5 directive prompts, NDP 5 nondirective prompts.

㈢研究者能在每一階段中提出適切的研究假設,作為下一
階段的研究目的,使研究更具結構化。

㈣曲線圖繪製得相當清晰,刻度適宜,有助於進行視覺分
析。

㈤根據曲線圖所呈現的資料,部分的情境中,行為的變化
頗大,甚至有些突兀,可能受到其他情境因素的影響,
故混淆變項的控制並不充分。

㈥研究者並未對研究結果進行視覺分析或 C 統計,因此無
法深入了解標的行為在各種情境中的差異程度。

陸、結論

多成分設計既可當作研究過程的一部分,特別是前測或
預試,它本身也可能是研究的全部。若於正式介入前,研究
者欲進行功能分析,以抽絲剝繭的方式釐清情境因素,進而
作為選取介入策略的依據,則多成分設計更是不二選項。然
而,在介入活動中,由於涉及多種變項或策略,因而彼此之
間的交互作用,在所難免,故研究者宜設法去釐清這層關係,
以期能充分掌握相關變項。

教師導向教學法與同儕協助學習法之比較：並行處理設計之應用

摘　　要

　　本研究旨在探討並比較教師導向教學模式和同儕協助學習策略，應用在智能障礙學童學習單字成效之差異。採用單一受試研究法中的並行處理設計，結合跨受試多探試和交替處理設計。研究對象共三名，分別為輕度、中重及重度智能障礙學童。資料蒐集後透過視覺分析與 C 統計處理，所獲結果陳述如下：

　　教師導向教學模式強調教學情境的控制及教學方法的應用，其適用範圍較廣。若應用於輕度智能障礙學生的語文課程，單字學習效果頗佳，且能在短時間之內教會學生記得所有單字。但對重度學生而言，教師導向教學策略的效果略差，且保留效果也不如預期。

　　同儕導向學習策略強調教學者和學習者之間，良性關係的建立及學習內容和生活內涵的連結。當應用在輕度智能障礙語文課程時，學生學習單字的成效不如教師導向教學模式。然而，若實施於中重度智能障礙課程，則其單字學習效果優於教師導向教學，同時保留效果也略勝一籌。

　　與其他研究設計相較，並行處理設計（parallel treatment designs）受到一般研究者較少的關注。在單一受試研究架構中，若研究者欲進行多項介入策略效果之比較，常會優先選擇交替處理設計（alternating treatment designs）。原因是其結構簡單，適用情境廣泛，加上內在效度和社會接受度，皆達一定的水準，因而能見度也較高（杜正治，2006）。然而，若想進行多層次的比較，或在重視研究的內在效度之餘，也同時兼顧其及外在效度，則毫無疑問的，並行處理設計應是較佳的選擇。

　　在結構上，並行處理設計乃是結合兩種設計模式（多基線或多探試設計與交替處理設計）的綜合體。於設計中有設計，項目中有細目，亦即將交替處理設計內建於多探試設計中，因而能在多探試設計結構中可看到交替處理的影子。具有多層次與複相關的比較作用，進而達到多次實驗效果之複製目的，惟此提升了其內在及外在效度。

　　如同其他實驗設計，並行處理設計亦有其優點和限制。在優點方面，並行處理設計具有兩種設計的雙重優點，因為研究項目係以多基線／探試設計呈現，多重的基線可以提供充分的對照資料，以解釋行為變化的原因，因而提高其內在效度。由於每個項目中的細目係以交替處理來完成，為此而能比較不同介入策略的成效。此外，並行處理設計也能同時處理多種行為、受試或情境，適合一般教學之自然情境，在時間及人力上亦較為經濟可行（Jones & Schwartz, 2004）。在限制上，不可諱言的，並行處理設計之結構複雜，變項繁多；在實施上，難度頗高。惟此，目前採用本設計的研究資料不

多，不易找到相關的參考文獻。

教師導向教學法

　　教師導向教學法（the teacher-directed instruction, TDI）向來是中小學課堂教學的主流，傳統的教學模式以及廣受教師接納的直接教學法（the direct instruction）等，皆為教師導向教學法的實例。本研究所採用的「教師導向教學法」，乃指傳統教學法和直接教學法的結合，主要包含傳統教學法的示範和模仿，也涵蓋直接教學法的引導式練習及獨立練習。

　　教師導向教學法是一種特殊的教學模式，以教師主導學習方向，明白告知學生學習的原則或方法（Sippen, Houchins, Steventon, & Sartor, 2005）。其特色包括：專注於學科學習，直接進行學科技巧的教學；以工作分析為基礎，用編序方式來設計教材，並以系統化的方式來呈現教材；設立明確的學習目標；短時間的教學活動設計；持續監控學生課堂表現；給予學生立即增強／回饋；一次只教一種技能。

　　教師導向教學法應用的領域相當廣泛，曾用於台灣語之教學（余伯泉、朱阿莉、趙家誌、高培倫，2003）；也用在能教智能障礙學生辨別日常生活中的物品（江啟山，2003），更能強化資源班數學低成就學生的學習成效（謝芳蕙，2006）。另外，教師導向教學也能有效地教導輕度智能障礙學生的社交技巧與兩性互動行為（陳思妤，2003）。

同儕協助學習法

　　同儕協助學習法（the peer-assisted learning, PAL）係一種

同儕相互協助與教導的方法，通常是兩兩配對，一方當小老師，另一方是學習者。本研究的同儕協助學習法較為接近小老師的教學方法（peer tutoring），亦即要求程度較好的同儕協助與教導程度較差的學童，是一種單向的教學活動，教學型態則以示範／模仿教學法為主。

　　同儕協助學習的重要性已在日常生活以及相關文獻中闡述頗多。文獻也顯示，即使是重度智能障礙兒童也能透過模仿同儕的行為學會日常用語，且能類化到生活情境（Goldstein & Mousetis, 1989）。

　　同儕學習策略的先決條件主要有二：一是學習者能注意並了解教學者的行為，二是能將標的行為在相關情境中表現出來。換言之，同儕學習的先備行為之一乃是模仿動作。其次，也有學者提出更詳實的論述，將有效的同儕模仿學習分為四項因素：對範本的注意、模仿的能力、兩人的關係性質，以及兩人的關係歷史（d'Arripe-Longureille, Gernigon, Cadopi & Winnykamen, 2003）。因此，在進行同儕學習的相關研究時，除了考量標的行為的難易度外，學習者的特質，與教學者之間的關係，尤其不容忽視。

　　若與教師導向教學模式比較，同儕協助學習模式更有利於學生的學習，特別是針對身心障礙學生。在閱讀課程上，同儕協助模式和教師導向教學均優於傳統的教學策略，其中又以同儕協助模式最佳（Robinson & Grek, 2003）。在體育課程中，d'Arripe-Longureille、Gernigon、Cadopi 和 Winnykamen（2003）也發現同儕協助教學比教師導向教學，更有助於輕度障礙學生在運動技能的學習；同時，在習得技能的保留效

表1　參與者基本資料及分組方式

組別	甲生	乙生	丙生	小老師
性別	女	女	女	女
年齡	11.2	9.4	10.5	10.8
總智商	64	43	37	105
語文智商	62	50	34	
作業智商	68	42	40	105

果上，也是同儕協助教學優於教師導向教學。

研究對象

　　參與者包括學習者與教學者，學習者為國小階段輕度、中度及重度智能障礙學生各一名；教學者特教教師及同校一般同儕各一名。詳細的個人資料如表1。

情境與教材

　　所有的教學活動均在一間資源教室進行，這是一般教室的空間大小，但已用置物櫃隔間，隔為若干區域，選擇其中一區當實驗室，約為 6 米×6 米，所有不相關的材料或器材等均置入櫃子裡，以減少不必要的分心。學習者坐在課桌椅上，面對牆壁，避免不相關的視覺刺激。教學者坐在她／他的右手邊。

　　學習材料依學習者程度的差別而有不同，但皆為未學習過的單字，包括身體部位、水果名稱及常用文具。教材的編

選係針對學習者的程度，找出重要的相關單字；再針對每一位受試，挑選出未學過的名稱。最後請特教教師進行內容效度檢測，因此每一位受試的學習內容，完全不同。

　　每個生字製作圖卡，大小約 7 公分×10 公分，正面是圖片，皆為彩色；背面是名稱，白底黑字呈現，以減少分心來源。如表 2 所示，共有 81 張圖卡，包括水果名稱、身體部位，及常用器具，每位學習者每類皆有九個生詞。

表 2　學習材料：類別與內容

組別	類別	內容
1	水果名稱	甲生：愛玉、橄欖、洛神葵、無花果、紅龍果、椰子、桑椹、菠蘿蜜、酪梨、奇異果 乙生：枇杷、百香果、釋迦、檸檬、荔枝、甘蔗、葡萄柚、紅柿、蓮霧 丙生：木瓜、鳳梨、楊桃、李子、梅子、柚子、桃子、龍眼、草莓
2	身體部位	甲生：陰部、腋下、脊椎、膀胱、骨盆、胃部、肝臟、胰臟、肛門 乙生：頸部、臀部、臉頰、睫毛、喉嚨、乳頭、肚臍、膝蓋、腳趾 丙生：頭部、耳朵、鼻子、眼睛、胸部、背部、腰部、腿部、手臂
3	常用器具	甲生：滑鼠、書夾、板擦、鋼筆、漿糊、拆信刀、立可帶、信紙、年曆 乙生：鍵盤、書架、粉筆、原子筆、膠帶、指甲刀、立可白、郵票、月曆 丙生：電腦、書桌、黑板、鉛筆、膠水、美工刀、橡皮擦、信封、日曆

職前訓練

當小老師同意參加研究後，需要接受為期一至兩天的職前訓練。訓練課程包括：(1)了解小老師的角色：扮演特殊教育教師，以老師的身分去協助對方學習；包括對學習者表現關懷之情，以及經常提供正向的回饋或社會性增強；(2)了解角色行為：了解教學方法和教學材料；主要依循所提供的教學步驟進行教學活動；(3)熟練角色行為：除了了解正確的教學步驟外，還需找尋教學對象，反覆演練，直到教學動作熟練為止。

實驗設計

在研究結構上，本實驗教學係一種跨受試多探試的型態；然而，針對每一受試又同時安排兩種不同的介入策略，因而研究者決定採用結構較為複雜的並行處理設計，俾能在比較兩種介入策略的結果能進行跨不同學習者的效果複製。並行設計的優點除了上述之外，還具有多探試的特點，即不必經歷連續性的評量，尤其是在基線階段，以避免造成基線過度冗長的缺點。因而有關過多評量、長期測試等負向作用，應可減到最低。其次，在個別評估教學方法的成效上，一般認為並行處理設計優於其他設計（Jones & Schwartz, 2004），因而成為本研究的優先選項。

在教學方法上，主要分為教師導向教學法和同儕協助學習法，其實施步驟如表 3 所示，教師導向教學法包括教師示範、引導式練習、獨立練習；同儕協助學習策略則以教師示

表3　實施步驟：TDI vs. PAL

TDI	PAL
1. 教師取出一張圖卡，學生看圖，老師出示背面的名稱	1. 教師取出一張圖卡，學生看圖，老師出示背面的名稱
2. 教師說出圖卡名稱，學生跟著唸	2. 教師說出圖卡名稱，學生跟著唸
3. 教師給予提示，要求學生練習	3. 教師提供回饋
4. 必要時教師提供修正性回饋	4. 教師再示範，學生再模仿
5. 教師提供回饋	5. 教師給予不同的提示，學生再練習
6. 學生獨自練習	6. 教師再示範，學生再模仿
7. 必要時教師提供規則	7. 教師提供回饋
8. 學會後進行下一張圖卡教學	8. 學會後進行下一張圖卡教學
9. 於教學活動結束前進行教學評量	9. 於教學活動結束前進行教學評量
（評量內容為全部九張圖卡）	（評量內容為全部九張圖卡）

範、學生模仿為主。

　　在控制變項上，為避免自變項以外的相關因素衝擊研究結果，本研究採用下列措施：一為隨機分派方式；二為對抗平衡策略。為求兩種教學策略的一致性，選擇隨機方式分派教材，即對兩種教學法隨機配對不同的教材，一旦分派後，即固定不變，一直維持到實驗結束。其次，每天進行兩個節次的教學，其先後順序或許會直接衝擊學習結果，因為牽涉到學習者的精神狀態或學習動機；為此，本研究採用對抗平衡法（counter-balance）以減低潛在的順序效應。

　　在結果分析上，在傳統的視覺分析外，加入 C 統計。視

覺分析分為階段內和階段間，項目包含水準和趨向以及重疊百分比等。為求分析結果能兼顧客觀性，在視覺分析外，加上C統計，應可彌補前者之不足。

研究程序

前基線期　前基線期旨在編選每位受試所需的學習材料，即受試因未學而無法辨識的學習內容，俾能在基線期呈現零水準的起點行為。這些材料不僅適用基線期，於介入階段時，則透過隨機方式，分派到不同的教學方法中。具體而言，不同的教學情境中，展示給學習者不同類別的圖卡，並給予提示：

- 這是什麼部位？（身體部位）
- 這是什麼水果？（水果名稱）
- 這是什麼東西？（常用文具）

在呈現圖卡後，接著提出問題，學習者有五秒鐘的時間來回答；若連續三次無法回答或回答錯誤，則將該項列為學習的內容之一。

基線期　與前基線期同，除了對三種材料，至少連續三天，建立起始水準的基線資料外，在介入前也需進行連續性評量，並確定基線資料的穩定性及避免殘存效應的發生。

介入期　教學者須依據職前訓練課程目標進行教學，教學材料只限於身體部位及水果名稱，至於常用文具只評量不教學，自始至終未予介入（NIV），而維持探試性基線，以供參照。介入前，教學者以隨機方式來安排材料類別。例如對輕障學生，教師導向教學（TDI）可能教身體部位而同儕協助學習（PAL）策略可能分配到水果名稱等。在教學中，

於必要時，研究者會在適當的時間提示教學者：呈現一張圖卡，提出問題等。若回答正確，教學者給予口頭回饋（例如，完全正確！），研究者記錄結果。若回答錯誤，則保持緘默，記錄結果，進行下一道題。全部都測試後，教學活動才告一段落。

維持期　保留效果的評量和基線期一模一樣，三種教材都實施，學童也是個別測試，而且沒有教學者在場。測試日期則是在介入期結束後的第一天至第三週。

資料蒐集　在所有的實驗階段中，不論是基線、介入或維持期，測試評分不是對就是錯。若能在提出問題後五秒鐘之內，說出正確的答案，就能得分，不管回答的內容是長或短，或結構為何。此外，不一定要說出完整的答案才算正確，只要說出重要字根或關鍵字即可（例如：頭、耳、眉等字根）。

評分者信度　在基線及介入階段中，研究者充當主要記錄者，負責記錄標的反應的發生與否。另外，請一名對研究毫無知悉的學校老師搭配記錄，以建立信度資料，進行大約20%的節次。信度的計算公式採用逐點計算法，結果所得的平均信度係數為.96（範圍是.94～1.0）。

社會效度

研究者在介入前、介入中，以及介後，透過資料的蒐集與分析，以評估整個實施過程是否具有一定程度的重要性和接受度，其實施過程如下表 4。至於評量資料的蒐集則採 Likert-type 五等量表（如附錄二）。

表4　社會效度評量指標與實施方法

評量指標	實施方法
選擇行為	1. 蒐集並分析行為的質性資料，透過訪談相關人員，包括三名任課教師及三位學生家長。 2. 蒐集並分析行為的量化資料，編製並實施適應行為量表及行為檢核表。
確定程序	1. 實施評量者間信度，除了主觀察員外，另安排一名副觀察員，同時觀察與記錄，採用精算法，以建立信度資料。 2. 選擇自然的教學情境，以原來的班級學生，配合既定的課程內容及課表進度，進行常態教學活動。
驗證結果	1. 針對任課教師及學生家長實施介入結果問卷調查。 2. 分析並整理調查結果資料，做成結論與建議。

研究結果

一、甲生資料分析

　　甲生在基線期呈現零水準的穩定狀態（如圖1與表5）。進入教學介入階段後，兩種教學（TDI 與 PAL）之學習進度皆出現穩定的上升趨勢。在兩種教學情境下，甲生皆習得所有的生詞。在學習速度方面，顯然 TDI 法較為迅速，水準變化從 0 跳至 4，再從 7 升至 9。PAL 法的效果也不差，雖然進步的速度較緩，最後還是能習得所有單字。若與無介入（NIV）比較，兩者的介入效果是顯而易見的。然而，其保留的效果則呈現不的趨向，TDI法從 8.3（只計後半段之介入期的和全段之維持期）。降至 7.6；相反的，PAL 法則從 7.3 升至 8.0。

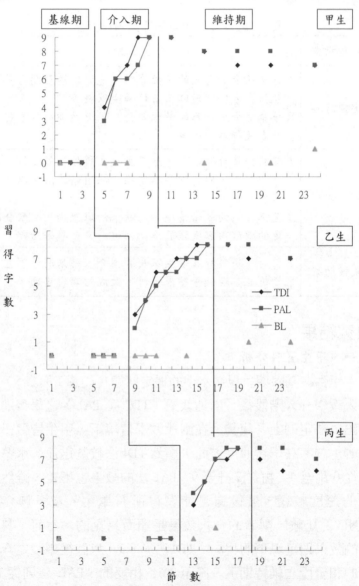

圖 1　三名學習者在不同情境下習得的字數

表 5　甲生階段內資料分析

階　　　段	基線	介入		維持	
	A_1	B_2	C_3	B'_4	C'_5
階段長度	3	5	5	5	5
趨勢走向	― （＝）	／ （＋）	／ （＋）	＼ （－）	＼ （－）
趨向穩定性	穩定	穩定	穩定	穩定	穩定
平均值	0	8.3	7.3	7.6	8.0
水準穩定性 與範圍	穩定 （0-0）	不穩定 （6-9）	不穩定 （4-9）	穩定 （9-6）	穩定 （9-7）
水準變化	0-0 （＋0）	4-9 （+5）	4-9 （+5）	9-7 （－2）	9-7 （－2）

　　從階段間的資料分析而言，在基線和介入兩階段之間，甲生學習路徑的變化幅度相當大。這種變化不僅從立即效果顯示出來，也能從階段間資料值的重疊率，獲得印證。在立即效果上，PAL 法從 0 提升至 4 的程度，而 TDI 法更從 0 跳至 6 的水準。其次，兩種介入策略所造成的資料值重疊率均為 0，表示教學成效良好（表 6）。

表 6　甲生階段間資料分析

階段比較	A/B （1：2）	A/C （1：3）	B/C （2：3）	B/B' （2：4）	C/C' （3:5）
改變變項數目	1	1	1	1	1
趨向路徑的變化效果	─／ （＝）（＋）	─／ （＝）（＋）	／／ （＋）（＋）	／＼ （＋）（－）	／─ （＋）（－）
趨向穩定性變化	穩定 至穩定	穩定 至穩定	穩定 至穩定	穩定 至穩定	穩定 至穩定
水準變化	0-9 （＋9）	0-9 （＋9）	（9-9） （0）	9-9 （0）	9-9 （0）
重疊百分比	0%	0%	75%	100%	100%

　　為求資料分析之客觀性，於視覺分析之後再進行 C 統計（如表 7 所示）。在基線（A）階段，其 Z 值為 0，表示基線上的資料值未出現任何變化。在介入階段中，TDI 法（B）和 PAL 法（C）之 Z 值分別為 2.1213 和 1.7753，只有前者達顯著差異，意謂在 TDI 教學過程中，其資料值出現大幅的變化；而 PAL 教學過程中，其變化較穩定。若將基線和介入之資料值合併（A/B 和 A/C），所得的 Z 值分別為 2.9455 和 2.9193，皆達 p<.01 的水準，表示兩種教學活動（TDI 和 PAL）的效果頗佳。接著針對兩種教效果的比較（B/C），發現差異有限，未達顯著水準。最後進行保留效果的分析（B/B' 和 C/C'），發現 TDI 法的 Z 值達顯著的水準（p<.05），意謂保留效果不佳；相反地，PAL 則未達顯著差異，表示保留效果良好。

表7　甲生學習表現 C 統計摘要表

階段	n	C	Sc	Z
A	3	.0000	.3536	.0000
B	5	.75	.3536	2.1213*
C	5	.6277	.3536	1.7753
A/B	8	.9010	.3086	2.9455**
A/C	8	.9010	.3086	2.9193**
B/C	8	.4310	.3086	1.3965
B/B'	8	.6364	.3086	2.0621*
C/C'	8	.5636	.3086	1.8264

說明：*1.* A 為基線期；B、C 為介入期；B'、C'為維持期。

　　　2. n 代表階段長度。

　　　3. *p<.05，**p<.01。

二、乙生資料分析

在基線階段（如表 8 所示），乙生的行為呈現相當穩定的狀態。進入教學介入階段（B 和 C）後，兩種教學活動（TDI 和 PAL）皆能產生立即性的行為變化，且持續至學習結束。TDI 法的水準平均值從基線期的 0 跳至介入期的 6.7，而在 PAL 情境也從 0 升至 5.7。接著，在維持階段，兩種教學方法的保留效果亦明顯可見，平均水準皆高於介入期，分別為 7.3 和 7.7。

表 8　乙生階段內資料分析

階　　段	基線	介入		維持	
	A1	B2	C3	B'4	C'5
階段長度	4	8	8	3	3
趨勢走向	― (＝)	／ (＋)	／ (＋)	― (＝)	― (＝)
趨向穩定性	穩定	穩定	穩定	穩定	穩定
平均值	0	6.7	5.7	7.3	7.7
水準穩定性與範圍	穩定 (0-0)	不穩定 (3-8)	不穩定 (2-8)	穩定 (8-7)	穩定 (8-7)
水準變化	0-0 (＋0)	3-8 (+5)	2-8 (+6)	8-7 (－1)	8-7 (－1)

　　在階段間分析上（如表 9），從基線到介入，教學活動所造成的變化，相當明顯。首先是立即效果方面，兩種教學情境（直接教學和同儕教學）皆從 0 立即提升至 3 的水準。其次在重疊百分比上，兩種教學活動在基線和介入間的重疊百分比皆為 0，顯示教學成效頗佳。從介入到維持階段，保留效果格外良好，其水準變化皆從 8 降至 7。

表 9　乙生階段間資料分析

階段比較	A/B (1：2)	A/C (1：3)	B/C (2：3)	B/B' (2：4)	C/C' (3:5)
改變變項數目	1	1	1	1	1
趨向路徑的變化效果	―／ （＝）（＋）	―／ （＝）（＋）	／／ （＋）（＋）	／― （＋）（＝）	／― （＋）（＝）
趨向穩定性變化	穩定至 不穩定	穩定至 不穩定	不穩定至 不穩定	不穩定 至穩定	不穩定 至穩定
水準變化	0-3 （＋3）	0-2 （＋2）	(8-8) (0)	8-7 （－1）	8-7 （－1）
重疊百分比	0%	0%	100%	100%	100%

在 C 統計方面（如表 10 所示），基線階段的 Z 值為 0，表示其資料值無任何變化。

進入教學階段後，兩種教學法（TDI 和 PAL）介入的結果，造成行為顯著的的變化，所得的 Z 值分別為 2.14（p<.05）和 2.12（p<.05），顯示介入後行為呈現大幅的變化。若與基線資料合併，則呈現兩階段的顯著差異，其 Z 值分別為 3.28 和 3.29（p<.01），意謂兩種教學情境中，介入的效果相當良好，行為的變化皆達顯著的差異（p<.01）；至於兩者之間（B/C），則無差異。另外，在維持階段，資料顯示兩種教學策略的保留效果頗佳，介入期後半的資料和維持期相較，皆未達顯著差異。

表 10　乙生學習表現 C 統計摘要表

階段	n	C	Sc	Z
A	3	.0000	.3536	.0000
B	9	.6608	.3086	2.1412*
C	9	.6549	.3086	2.1222*
A/B	11	.8988	.2739	3.2820**
A/C	11	.9028	.2739	3.2954**
B/C	8	.4372	.3086	1.4166
B/B'	7	.5252	.3227	1.6273
C/C'	7	.4896	.3227	1.5169

*p<.05，**p<.01

三、丙生資料分析

　　階段內分析（如表 11）結果顯示，基線階段的資料呈現零水準的穩定狀態。進入教學階段後，兩種教學型態（TDI 和 PAL）均能導致穩定的上升趨勢，平均水準分別從 0 提升至 5.8 與 6.4。在維持階段，不同的教學型態呈現不同的趨向。在 TDI 法部分，其保留效果較差，呈現明顯的下降趨勢，從最高點 7 的水準降到 6；在 PAL 部分，則保留效果尚佳。

表 11　丙生階段內資料分析

階　段	基線	介入		維持	
	A_1	B_2	C_3	B'_4	C'_5
階段長度	5	5	5	3	3
趨勢走向	― （＝）	／ （＋）	／ （＋）	＼ （－）	― （＝）
趨向穩定性	穩定	穩定	穩定	不穩定	穩定
平均值	0	5.8	6.4	6.7	7.7
水準穩定性 與範圍	穩定 （0-0）	不穩定 （3-7）	穩定 （4-8）	不穩定 （7-6）	穩定 （8-7）
水準變化	0-0 （＋0）	3-7 （+4）	4-8 （+4）	7-6 （－1）	8-7 （－1）

　　階段間分析資料顯示（如表 12），從基線到介入部分，兩種教學活動（直接教學各同儕教學）之立即效果甚至明顯，分別為 5 與 7。重疊百分比則皆為 0，表示教學成效良好。從介入到維持期，資料所呈現的保留效果尚佳，分別只掉下一個刻度（8-7）。

表 12 丙生階段間資料分析

階段比較	A/B (1：2)	A/C (1：3)	B/C (2：3)	B/B' (2：4)	C/C' (3:5)
改變變項數目	1	1	1	1	1
趨向路徑的變化效果	─／ (＝)(＋)	─´／ (＝)(＋)	／／ (＋)(＋)	／＼ (＋)(－)	／─ (＋)(＝)
趨向穩定性變化	穩定至 不穩定	穩定至 不穩定	不穩定至 不穩定	不穩定 至不穩定	不穩定 至穩定
水準變化	0-3 (＋3)	0-4 (＋4)	(8-8) (0)	7-6 (－1)	8-7 (－1)
重疊百分比	0%	0%	100%	100%	100%

　　C 統計資料顯示（如表 13），基線階段的 Z 值為 0，意謂無任何變化。在介入階段中，TDI 法和 PAL 法之 Z 值分別為 1.10 和 1.53，皆未達顯著差異，表示兩者皆呈穩定的變化。若將基線和介入兩階段的資料合併，則呈現顯著的差異，兩種教學情境的 Z 值分別為 2.74（p<.01）和 2.73（p<.01），意謂兩種教學策略效果甚佳，然而若對兩者進行比較，則差異有限，未達顯著水準（Z=1.37）。最後，針對維持階段進行分析，發現兩種教學方法的保留效果尚，其介入後半段的資料和維持階段相較，並無顯著差異。

表 13　丙生學習表現 C 統計摘要表

階段	n	C	Sc	Z
A	3	.0000	.3536	.0000
B	5	.3911	.3536	1.1062
C	5	.5438	.3536	1.5381
A/B	8	.8467	.3086	2.7435**
A/C	8	.8434	.3086	2.7328**
B/C	6	.4620	.3381	1.3665
B/B'	6	.6779	.3381	2.005*
C/C'	6	.4877	.3536	1.3794

*p<.05，**p<.01

四、社會效度分析

　　本研究之社會效度分上，列出三項評量指標，包括標的行為、處理程多，以及介入結果。評量方法則是採用主觀評量，由研究者設計一份 Likert-type 五等量表，對相關教師及學生家長進行資料的蒐集與分析。

　　在標的行為指標上，如表 14 所示，教師和家都能認同研究者的作法，認為教材具有功能性、很生活化，因而有其適切性普遍獲得肯定。其中又以教師的評價高於家長，前者平均為 4.30，而後者只有 4.00。若從障礙程度而言，對輕障課程的評價高於中重障同儕。

　　在處理程序指標上，雖然教師的認同程度亦高於家長，然而若標的行為比較，顯然大幅滑落。更詳細地說，教師在

三位受試者的得分分別為 3.40、3.20 與 3.25；而家長部分更低，分別為 2.70、2.80 及 3.00。若從障礙程度來看，家長與教師皆對中重障的處理程序，表現較低的接受度。

表 14　教師與家長對實驗教學過程及結果之評量資料分析

	受試甲		受試乙		受試丙	
	教師評	家長評	教師評	家長評	教師評	家長評
一、選擇標的行為	4.40	4.10	4.30	4.00	4.20	3.90
1-1 學生需要多學單字	4.40	4.00	4.40	4.00	4.30	4.00
1-2 這些單字很生活化	4.60	4.00	4.20	4.00	4.20	3.40
1-3 學習這些單字很重要	4.20	4.20	4.20	4.00	4.20	4.30
二、確定處理程序	3.40	2.70	3.20	2.80	3.25	3.00
2-1 教學場所合乎自然情境原則	3.80	3.20	3.20	3.20	3.50	3.00
2-2 採用的教學器材很適當	3.60	3.00	3.40	3.20	3.20	3.00
2-3 比較這兩種教學方法很重要	2.80	2.00	2.80	2.20	3.00	3.00
三、驗證介入結果	4.40	4.00	4.30	3.80	3.80	3.90
3-1 教學後學生學會了單字	4.80	4.40	4.60	4.40	4.00	4.20
3-2 學生會運用這些單字於日常生活中	4.20	4.00	4.00	3.00	3.40	3.60
3-3 實驗教學效果很好	5.00	4.50	4.80	4.40	4.40	4.00
3-4 爾後應多實施類似的教學	3.60	3.00	3.80	3.00	3.20	3.00

至於在介入結果指標方面，教師與家長皆給予頗高的滿意度，其中又以教師的 4.20 優於家長的 3.90。同樣地，兩者的滿意度也與障礙程度有關，而對輕障教學結果（4.20）的滿意度顯然優於中（3.95）重（3.85）障的教學成效。

綜合而論，不論是教師或家長，其對本研究的實施過程所持的看法是趨向積極而認可。對研究結果也有中上的滿意度。然而，若對兩者進行比較，顯然家長的認同感與接受度皆不如教師，也許兩者的這部分也是研究者需要進一步去努力的方向，再與家長進行密切的討論和良性的溝通，才能在觀念上趨向一致。

綜合討論

本研究旨在透過並行處理設計，以跨受試的型態，比較教師導向教學法和同儕協助學習法對不同智能障礙程學童的語文教學成效。資料分析包括視覺分析、C 統計，以及社會效度分析等，其中視覺分析又分為階段內和階段間兩類，而社會效度則採主觀評量法。

輕度智能障礙 甲生是一名輕度智能障礙學童，在語文的學習上，資料顯示教師導向教學法效果較為快速達到教學目標；此結果與江啟山（2003）、謝芳惠（2006）和陳思妤（2003）的發現一致，教師導向教學法由於能有效地控制教學情境，要求學生專心學生，加上多元的練習，確能在短時間內教會日常課程，包括數學、語文以及社會技巧等，然而保留效果較差。相反地，同儕協助學習策略唯然需要花較多的時間達到預定的教學目標，且保留效果尚佳。此結果與

d'Arripe-Longureille、Gernigon、Cadopi 和 Winnykamen（2003）
的發現不謀而合。

中度智能障礙　乙生是一名中度智能障礙學童，本研究
資料發現，在語文的學習上，教師導向教學和同儕協助學習
策略，皆未能在限期之內達到預定的目標。在學習速率上，
教師導向教學法似乎略勝一籌，立即效果的幅度較大，也較
早達到預定目標。謝芳惠（2006）也發現在數學課程中教師
導向教學法能有效提高學習速率。在學習效果的維持上，兩
種教學情境都能呈現良好的保留效果。

重度智能障礙　丙生是重度智能障礙學童，在語文的學
習上略有困難，雖然在初始階段進度速迅，但最終還是無法
完成預定的學習目標。兩種策略相較下，顯著教師導向教學
耗費時間較多。相反地，同儕協助學習策略較快達到最高點，
學習速率較快。在重度智能障礙方面的學習表現，目前尚無
相關文獻可資對照，但同儕教學能造成較佳的學習成效，潛
在因素有二：一為同儕之間較易建立親近的關係，有助於彼
此的互動和學習（d'Arripe-Longureille, Gernigon, Cadopi, & Win-
nykamen, 2003）；二為障礙程度愈重，建立親近的師生關係
愈難。其次，在保留效果方面，同儕學習的保留效果也優於
教師導向教學，可能原因是如 Topping、Peter、Stephen 和 Whale
（2004）所指出：在同儕學習中，較不強調教學方法，而著
重學習內容，同時重視學習內容與生活的連結。

結論

並行處理設計結合了多基線和交替處理設計，因而在展

現無懈可擊的內在效度；若同時選擇跨受試多基線，也能兼顧外在效度。由於所得的資料數量多了一倍，分析的步驟也較繁瑣，但所獲的結果及所作的結論，也較能為讀者所接受。

　　教師導向教學模式強調教學情境的控制及教學方法的應用，其適用的範圍較廣。若應用於輕度智能障礙學生的單字課程，學習效果頗佳，且能在短時間之內教會學生記得單字。但對中重度學生而言，教師導向教學策略的效果略差，且保留效果也不如預期。

　　同儕導向學習策略強調教學者和學習者之間關係的建立及學習內容和生活內涵的連結。當應用在輕度智能障礙課程時，學生學習成效不如教師導向教學模。然而，若實施於重度智能障礙課程，則其學習效果優於教師導向教學，同時保留效果也略勝一籌。

建議

　㈠教師導向教學模式（如直接教學法等）若應用在特殊教育領域，其實施對象以輕度障礙學生為宜。若對中重智能障礙學生，須搭配其他教學策略。

　㈡同儕協助學習模式（如同儕教學法、小老師制等）實施對象並無特別的限制，但若應用在重度障礙學生的學習，往往會有意想不到的效果。

　㈢本研究係以單一研究法為主要架構，參與對象有限，研究結果不宜做一般性的推論。

　㈣本研究之對象僅限於對智能障礙學童，爾後的研究可實施於其他的障礙類別。

參考書目

江啟山（2003）。一種不錯的教學方法：直接教學法。刊載於九十二年教師會會訊，取材自：http://cc.ccjh.tpc.edu.tw/ %E6%95%99%E5%B8%AB%E6%9C%83/%E4%B9%9D% E5%8D%81%E4%BA%8C%E5%B9%B4%E6%9C%83% E8%A8%8A.htm

杜正治（2006）。單一受試研究法。台北：心理。

余伯泉、朱阿莉、趙家誌、高培倫（2003）。論台灣語直接教學法：三階段一轉換，發表於台北市立師範學院「本土教育研討會」，2003 年 11 月 23 日。

陳思妤（2003）。直接教學法在輕度智能障礙學生社交技巧之應用，國教世紀，*207*，87-94。

謝芳蕙（2006）。直接教學法與課程本位評量模式對國小數學低成就學生學習成效之實驗研究。國立台北師範學院碩士論文，未出版。

d'Arripe-Longureille, F., Gernigon, C., Cadopi, M., & Winnykamen, F. (2003). Peer tutoring in a physical education setting: Influence of tutor skill level on novice learners' motivation and performance. *Journal of Teaching in Physical Education, 22*, 105-123.

Goldstein, H., & Mousetis, L. (1989). Generalized language learning by children with severe mental retardation: Effects of peers' expressive medeling. *Journal of Behavior Analysis, 22*, 245-259.

Jones, C. D. & Schwartz, I. S. (2004). Siblings, peers, and adults:

Differential effects of models for children with autism. *Topics in Early Childhood Special Education, 24*, 187-198.

Mathes, P. G., Torgesen, J. K., Clancy-Menchetti, J., Santi, K., Nicholas, K., Robinson, C., & Grek, M. (2003). A comparison of teacher-directed versus peer-assisted instruction to struggling first-grade readers. *Elementary School Journal, 103*, 459-479.

Sippen, M. E., Houchins, D. E., Steventon, C., & Sartor, D. (2005). A comparison of two direct instruction reading programs for urban middle school students. *Remedial and Special Education, 26*, 175-182.

Topping, K. J., Peter, C., Stephen, P., & Whale, M. (2004). Cross-age peer tutoring of science in the primary school: Influence on scientific language and thinking. *Educational Psychology, 24*, 57-75.

附錄二

教師／家長意見調查問卷表

啟智班的伙伴，您好：

　　感謝您在研究期間給予的支持與協助，致使本研究得以如期進行，並圓滿完成。為進一步了解您對本研究教學實施過程，以及對研究結果的滿意度，並提供有利於本研究之資訊及建議，作為而後研究教學之參考。

學生姓名：＿＿＿＿＿＿＿　　填表者：＿＿＿＿＿＿＿

檢 核 項 目	等		第		
	極為贊同 5	有些贊同 4	無意見 3	不太贊同 2	極不贊同 1
一、 選擇標的行為 二、 確定處理程序 三、 驗證介入結果					
一、選擇標的行為					
1-1 學生需要多學單字					
1-2 這些單字很生活化					
1-3 學習這些單字很重要					
二、確定處理程序					
2-1 教學場所合乎自然情境原則					
2-2 採用的教學器材很適當					
2-3 比較這兩種教學方法很重要					
三、驗證介入結果					
3-1 教學後學生學會了單字					
3-2 學生會運用這些單字於日常生活中					
3-3 實驗教學效果很好					
3-4 爾後應多實施類似的教學					

參 考 書 目

伍曉珍（2004）。社交技巧訓練課程對國中啟智班學生的兩性互動行為之影響研究。國立台灣師範大學特殊教育學系碩士論文，未出版。

杜正治、辛怡葳（2008）。教師導向教學法與同儕協助學習法之比較──並行處理設計之應用。特殊教育學報，*27*，81-98。

宋明君（2003）。應用功能性評量於改善工作社會技能之研究。特殊教育研究學刊，*24*，203-226。

宋愛蓉（2010）。故事結構教學對增進國中聽覺障礙學生的閱讀理解之成效。國立台灣師範大學特殊教育學系碩士論文，未出版。

吳永怡、吳慧聆（2003）。多項行為介入策略對於減低聽障學生分心行為成效之研究。國立台東師範學院特殊教育學系／中心：特殊教育學術研討會論文集，89-114。

林玉芳（2005）。自然環境教學對增進中度自閉症學生自發性語言成效之研究。國立台灣師範大學特殊教育學系碩士論文，未出版。

林靜慧（2004）。問答命題策略教學對國小輕度智能障礙學生閱讀理解成效之研究。國立台灣師範大學特殊教育學系碩士論文，未出版。

孟儀華（2001）。運動及飲食控制對肥胖智能障礙學生減重

行為成效之研究。國立台灣師範大學特殊教育學系碩士論文，未出版。

張美齡（2003）。正向語句引導和增加教室中表現次數在國小ADHD兒童教室中干擾行為之應用。中原大學教育研究所碩士論文，未出版。

裘素菊（2004）。電腦輔助教學對國小中重度智能障礙兒童實用語文合作學習成效之研究。國立花蓮師範學院特殊教育系碩士論文，未出版。

謝玉姿（2005）。合作學習介入融合式體育對智能障礙學童師生與同儕互動之影響。國立台灣師範大學體育學系碩士論文，未出版。

蔡淑如（2005）。心智構圖對增進國小智能障礙學生文章內容記憶之成效研究。國立台北師範學院特殊教育學系碩士論文，未出版。

翁素珍（2005）。聽障違抗兒童之溝通互動能力研究。國立台灣師範大學特殊教育研究所博士論文，未出版。

陳郁菁、鈕文英（2004）。行為支持計畫對國中自閉症學生行為問題處理成效之研究。特殊教育研究學刊，27，183-205。

陳曉薇（2004）。鷹架策略在國中啟智班學生自我保護教學之成效研究。國立台灣師範大學特殊教育學系碩士論文，未出版。

潘麗芬（2005）。固定時間延宕教學策略對輕度智能障礙者動作技能學習成效之影響。國立台灣師範大學體育學系碩士論文，未出版。

羅汀琳（2004）。圖片兌換溝通系統對中度自閉症兒童的溝通行為學習成效研究。國立彰化師範大學特殊教育學系碩士論文，未出版。

American Psychological Association [APA] (2001). *Publication manual of the American Psychological Association* (5th ed.). Washington, DC: The Author.

Barger-Anderson, R., Domaracki, J. W., Kearney-Vakulick, N., & Kubina, R. M. (2004). Multiple baseline designs: The use of a single-case experimental design in literacy research. *Reading Improvement, 41*, 217-228.

Barnette, J. J. & Wallis, A. B.. (2005). The missing treatment design element: Continuity of treatment when multiple postobservations are used in time-series and repeated measures study designs. *American Journal of Evaluation, 26*, 106-123.

Cohen, J. (1988). *Statistical power analysis for the behavioral sciences* (2nd ed.). Hillsdale, NJ: Lawrence Earlbaum Associates.

Cohen, J. (1992). A power primer. *Psychological Bulletin, 112*, 155-159.

Crozier, S. & Tincani, M. J. (2005). Using a modified social story to decrease disruptive behavior of a child with autism. *Focus on Autism and Other Developmental Disabilities, 20*, 150-157.

Forster, S. L. & Mash, E. J. (1999). Assessing social validity in clinical treatment research issues and procedures. *Journal of Consulting and Clinical Psychology, 67*, 308-319.

Hetzroni, O. E., & Shalem, U. (2005). From logos to orthographic symbols: A multilevel fading computer program for teaching nonverbal children with autism. *Focus on Autism and Other Developmental Disabilities, 20,* 201-212.

Horner, R. H., Carr, E. G., Halle, J., McGee, G., Odom, S., Wolery, M. J., & Swartz (2005). The use of single-subject research to identify evidence-based practice in special education. *Exceptional Children, 7,* 165-180.

Jones, C. D. & Schwartz, I. S. (2004). Siblings, peers, and adults: Differential effects of models for children with autism. *Topics in Early Childhood Special Education, 24,* 187-198.

Jones, W. P. (2003). Single-Case time series with Bayesian analysis: A practitioner's guide. *Measurement and Evaluation in Counseling and Development, 36,* 28-39.

Leech, N. L. & Onwuegbuzie, A. J. (2002). *A call for greater use of nonparametric statistics.* Paper presented at the annual meeting of Mid-South Educational Research Association. Chattanooga, TN, November 6-8, 2002.

Manolov, R., & Solanas, A. (2008). Comparing N=1 effect size indices in presence of autocorrelation. *Behavior Modification, 32* (6), 860-875.

Pace, G. M. & Toyer, E. A. (2000). The effects of a vitamin supplement on the pica of a child with severe mental retardation. *Journal of Applied Behavior Analysis, 33,* 619-622.

Patel, M. R. & Piazza, C. C. (2002). An evaluation of food type and texture in the treatment of a feeding problem. *Journal of Ap-*

plied Behavior Analysis, 35, 183-186.

Peyton, R. T, Lindauer, S. E., & Richman, D. M. (2005). The effects of directive and nondirective prompts on noncompliant vocal behavior exhibited by a child with autism. *Journal of Applied Behavior Analysis, 38,* 251-255.

Schlosser, R. W. (2003). *The efficacy of augmentative and alternative communication: Towards evidence-based practice.* New York: Academic Press.

Schlosser, R. W. & Sigafoos, J. (2006). Augmentative and alternative communication interventions for persons with developmental disabilities: Narrative review of comparative single-subject experimental studies. Research in Developmental *Disabilities: A Multidisciplinary Journal, 27,* 1-29.

Soenksen, D. & Alper, S. (2006). Teaching a young child to appropriately gain attention of peers using a social story intervention. *Focus on Autism and Other Developmental Disabilities, 21* (1), 36-44.

Symon, J. B. (2005). Expanding interventions for children with autism: Parents as trainers. *Journal of Positive Behavior Interventions, 7,* 159-173.

Winn, B. D., Skinner, C. H., Allin, J. D., & Hawkins, J. A. (2004). Practicing school consultants can empirically validate interventions: A Journal of Applied School Psychologydescription and demonstration of the non-concurrent multiple-baseline design. *Journal of Applied School Psychology, 20,* 109-128.

國家圖書館出版品預行編目資料

單一受試研究法／杜正治著.--初版.--
臺北市：心理，2006（民 95）
面； 公分.--（特殊教育系列；61018）
參考書目:面
ISBN 978-957-702-944-7（平裝）

1. 心理測驗學

179.4   95017154

特殊教育系列 61018

單一受試研究法

作　　者：杜正治
執行編輯：李　晶
總　編　輯：林敬堯
發　行　人：洪有義
出　版　者：心理出版社股份有限公司
地　　址：231 新北市新店區光明街 288 號 7 樓
電　　話：(02)29150566
傳　　真：(02)29152928
郵撥帳號：19293172　心理出版社股份有限公司
網　　址：http://www.psy.com.tw
電子信箱：psychoco@ms15.hinet.net
駐美代表：Lisa Wu（lisawu99@optonline.net）
排　版　者：臻圓打字印刷有限公司
印　刷　者：東縉彩色印刷有限公司
初版一刷：2006 年 10 月
初版三刷：2017 年 1 月
I S B N：978-957-702-944-7
定　　價：新台幣 400 元